RECUEIL COMPLET DES ORDONNANCES DE POLICE

RENDUES DEPUIS L'ÉTABLISSEMENT DE LA PRÉFECTURE.

Six derniers mois de 1814 et année 1815.

TOME XI.

PARIS,
J.-R. LOTTIN, Imprimeur du ROI et de la Préfecture de Police, rue de Nazareth, n.° 1.
M. DCCC. XVI.

RECUEIL COMPLET DES ORDONNANCES DE POLICE.

ORDONNANCE

Concernant l'arrosement.

Paris, le 25 juillet 1814.

Voyez pour cette Ordonnance, *tome VIII, page 276.*

ORDONNANCE

oncernant l'ouverture de la Chasse.

Paris, le 3 août 1814.

NOUS, DIRECTEUR-GÉNÉRAL DE LA POLICE DU ROYAUME,

Vû la Loi des 28 et 30 avril 1790, le

Décret du 11 juillet 1810, et les Arrêtés, Réglemens et Ordonnances rendus sur le fait de la Chasse, et sur le droit de port d'armes ;

ORDONNONS ce qui suit :

ART. I.er La Chasse sera ouverte le 1.er septembre prochain dans toute l'étendue du département de la Seine et dans les communes de S.-Cloud, Sèvres et Meudon, dépendantes du département de Seine et Oise, et faisant partie du ressort de l'ancienne Préfecture de Police.

Il est défendu de chasser avant cette époque, même sous prétexte de tirer des hirondelles le long des rivières.

Il est également défendu de chasser dans les vignes avant que les vendanges soient entièrement terminées, et dans les champs ensemencés et plantés de légumes avant la fin de la récolte.

II. Les Réglemens et Ordonnances de Police sur la chasse continueront d'être exécutés selon leur forme et teneur.

III, Les poursuites contre les contrevenans seront portées pardevant les tribunaux.

IV. Les sous-préfets des arrondissemens de S.-Denis et de Sceaux, les maires et adjoints des communes rurales, les commissaires de police, les officiers de paix, les gardes-champêtres, et les préposés de la Direction générale de la Police sont chargés de tenir la main à l'exécution de la présente qui sera imprimée et affichée aux lieux accoutumés.

Le Directeur-général de la Police du Royaume,
Signé, Le Comte BEUGNOT.

Par Son Excellence :

Le Secrétaire-général, *signé*, SAULNIER.

INSTRUCTION

Concernant les procédés de Désinfection.

S. Ex. le Directeur-général de la Police du Royaume, par sa lettre en date du 11 juillet 1815, a demandé à la commission de salubrité, *une Instruction Théorique et Pratique sur les procédés connus de désinfection appropriés aux diverses localités.*

La commission a pensé qu'elle remplirait l'intention de S. Ex., en donnant plus d'extension au travail qu'elle lui présente, c'est-à-dire, en traitant deux autres objets aussi intéressans que la simple désinfection des localités, et qui sont intimement liés avec elle, afin que, dans des cas semblables à ceux qui viennent d'avoir lieu, l'administration put trouver, sur le-champ, des conseils applicables aux circonstances.

Dans la première partie de cette instruction, nous traiterons de la manière de désinfecter les diverses localités.

Dans la seconde, nous indiquerons les précautions à prendre pour empêcher l'infection de naître ou de renaître.

La troisième partie sera consacrée à tracer la conduite que l'on doit tenir, lorsque la contagion existe dans un hôpital ou dans une ville.

PREMIÈRE PARTIE.

Désinfection.

Nous nous étendrons très-peu sur la théorie, nous nous contenterons de rappeler quelques vérités appuyées sur l'expérience, sur des faits authentiques ; parce qu'il est nécessaire de résumer ces faits pour rendre sensibles les moyens de désinfection que nous allons proposer.

La *Fièvre d'Hôpital*, *Fièvre des Prisons*, etc., qui vient de régner, ou toute autre maladie dépendant de miasmes, peut naître spontanément par des causes qu'il serait inutile d'énumérer ici, et qui sont indiquées daus l'*Instruction sur le Typhus*, imprimée par ordre de S. Ex. le Ministre de l'Intérieur.

Lorsque cette maladie existe, les miasmes délétères qu'elle a engendrés, peuvent, comme l'expérience journalière le démontre, s'attacher à la surface du corps des individus, à leurs vêtemens, aux ustensiles dont ils se servent, aux lits qu'ils occupent, aux parois des locaux qu'ils habitent. Il peuvent se communiquer aux personnes saines par le contact d'une personne malade ou qui, seulement, porterait sur son corps ou dans ses vêtemens, le germe de la maladie ; par le contact de toute partie de vêtemens ou d'ustensiles, ou de meubles infectés. Ces miasmes peuvent s'accumuler dans l'air, l'infecter et le rendre conducteur de l'infection en agissant sur le poumon, sur les voies alimentaires, sur les pores de la peau. Ils s'attachent aux murs, aux planchers et y concervent leurs vertus délétères.

Ils peuvent, enfin, rester déposés sur le corps, dans les vêtemens d'un individu qui n'est point encore malade et qui, cependant, est susceptible de porter au loin le germe de la maladie et de la faire développer dans les lieux qu'il habitera.

On ne peut enlever à ces miasmes leurs qualités délétères qu'en les disséminant, les absorbant, ou les décomposant. Les grands moyens que la nature met entre nos mains pour parvenir à ce but sont l'*air*, l'*eau*, le *feu*. Mais la chimie nous en procure un plus prompt et plus puissant ; ce sont certains *acides minéraux* qui par leur énergie, leur grande expansibilité, leur affinité, attaquent les miasmes disséminés dans l'air, attachés aux différentes surfaces; détruisent leurs propriétés délétères et en forment des composés nouveaux.

On peut avoir à désinfecter un *Hôpital*, une *Caserne*, un *Dépôt*, une *Prison*, un *Navire*, une *Infirmerie*, une *Maison*, ou une *Chambre* particulière.

Si c'est un édifice entier, on peut le désinfecter à la fois et dans son ensemble, ou successivement et partie par partie.

Les moyens de désinfection sont absolument les mêmes pour toute espèce de localité: savoir: des *fumigations*, plus ou moins fortes, plus ou moins répétées, d'acides minéraux, et les soins généraux et particuliers de propreté.

Fumigations des Locaux.

Que ce soit un bâtiment entier: *Caserne*, *Hôpital*; ou que ce soit une des pièces de l'édifice; *Salle*, *Chambre*, *Cachot*, il faut:

1.° Évacuer le local de tous les individus qui l'habitent, malades ou sains ; et de tous les vêtemens et ustensiles à leur usage ;

2.° Y faire circuler, pendant au moins 24 heures, un air libre, en tenant ouvertes toutes les portes et toutes les fenêtres ;

3.° Au bout de ce temps, fermer les portes et les fenêtres, excepté la porte par laqu'elle on doit sortir ; établir selon l'étendue du local, un ou plusieurs appareils désinfectans ;

4.° Préparer la poudre ci-après ; suivant le procédé de M. *Guyton de Morveau* :

Muriate de soude (sel commun) grossièrement pulvérisé, 300 grammes (10 onces).

Oxide noir de Manganèse en poudre, 60 grammes (3 onces).

On mélange ces deux substances, on les met dans un vase de verre ou de poterie de terre dure que l'on place sur un bain de sable ou de cendre chaude, ou sur un réchaud allumé ; puis on verse dessus, en une seule fois, 240 grammes (environ 8 onces) d'acide sulfurique concentré (huile de vitriol du commerce). (1)

---

(1) Ces proportions sont suffisantes pour une salle de 13 mètres de long (40 pieds) sur 6 de large (19 pieds) et 3 de hauteur (10 pieds). Ainsi, pour obtenir une désinfection complette on augmente ou on diminue, suivant l'étendue du local, les proportions indiquées.

Pour la désinfection d'un grand local, et pour l'usage journalier dans un hôpital, dans une prison, etc., on doit toujours avoir en réserve une certaine quantité des substances nécessaires aux fumigations, ainsi d'un côté on prépare une poudre avec : muriate de soude (sel commun) cinq parties en poids ; Oxide noir de manganèse une partie ; d'un autre côté on a quelques bouteilles d'acide sulfurique de 63 et 66 dégrés.

Lorsqu'on veut faire une fumigation, on prend une ou deux poignées de la poudre que l'on pèse et que l'on met dans un vase de terre ou dans une capsule de poterie dure, ou dans un tesson ; on verse dessus environ quatre parties en poids d'acide sulfurique.

Cette fumigation est assurément la meilleure, la plus efficace pour les salles qui ne sont point habitées ; mais il faut les faire beaucoup plus faibles lorsque les salles sont occupées par des malades. Dans ce cas on doit se borner à mettre dans une capsule que l'on place sur un réchaud allumé, quelques pincées de la poudre fumigatoire ; puis on verse, peu-à-peu et seulement

5.° Lorsque l'acide est versé, on se retire promptement en fermant la dernière porte, et l'on ne rentre dans la pièce où la fumigation a été faite qu'environ douze heures après. Le premier soin alors doit être d'ouvrir toutes les portes et toutes les fenêtres.

---

par petites doses à la fois, l'acide sulfurique que l'on a affoibli avec une partie d'eau. On promène cet appareil dans les salles, on l'entretient, ou on le renouvelle plusieurs fois par jour.

Outre ce genre de fumigations *muriatiques* ou *guytoniennes*, on peut aussi employer avec grand avantage, comme moyen propre à corriger ou à prévenir l'infection, des fumigations *acides sulfureuses* que l'on prépare de la manière suivante:

On prend parties égales de soufre et de nitrate de potasse (salpêtre), on mêle exactement ces deux substances, on en fait des paquets du poids d'un demi-gramme (environ 9 grains) que l'on projette sur un réchaud allumé. L'expérience a prouvé l'efficacité de ce moyen.

On ne doit faire usage des fumigations acides sulfureuses qu'à défaut des fumigations muriatiques ou guytoniennes qui leur sont préférables pour l'énergie. Mais nous les avons indiquées parce qu'on ne peut pas toujours se procurer de l'oxide noir de Manganèse.

6.° Si le local avait été très-infecté et qu'il l'eut été pendant long-temps, répéter au bout de 24 heures la fumigation indiquée ci-dessus, et la faire de la même manière.

7.° Avant de faire les fumigations, avoir soin d'huiler toutes les ferrures et plaques de métal, *serrures*, *pênes*, *tringles*, *gonds*, etc., parce que les vapeurs produites pendant les fumigations ne manqueraient pas de les rouiller. Cette remarque s'applique à toutes les localités et à tous les ustensiles que l'on veut désinfecter.

8.° Après les fumigations pratiquées, retirer des locaux tous les meubles quelconques.

9.° Gratter jusqu'au vif les murs et le plafond; les laver, les badigeonner avec du *lait de chaux*. Gratter également le sol, ou carreau, ou parquet, le frotter avec du sable fin, ou du grès écrasé, le laver à grande eau et le faire sécher parfaitement.

Tous ces soins s'appliquent non-seulement aux salles, dortoirs, chambres, etc., mais encore aux corridors, aux escaliers, en un mot à tous les lieux qui ont été infectés;

avec cette seule différence que la désinfection par le moyen des fumigations se fait en même temps dans toutes les diverses localités du bâtiment, si l'hôpital, la caserne, etc., a été évacué entièrement; ou successivement dans une salle, un dortoir, etc., si l'on ne peut évacuer ces locaux que l'un après l'autre.

Fumigation et désinfection totale des meubles.

Tous les meubles et ustensiles en bois : *Couchettes*, *Tables*, *Armoires*, *Planches*, *Chaises percées*, etc., qui ont été déjà soumis aux premières fumigations dans les locaux où ils étaient placés, doivent ensuite être exposés en plein air, lavés avec une forte lessive alcaline et brossés fortement, puis lavés à grande eau et séchés parfaitement.

Ce qui compose les lits doit-être désinfecté de la manière suivante : Il faut vider les *Paillasses*, en brûler la paille. Découdre les *Matelats*, en séparer la laine et le crin en petites poignées, les étendre sur des claies, les fumiger, puis les laver, les faire bien sécher avant de les carder et de les remettre dans les toiles.

Les *Couvertures* et les *Bonnets de laine* doivent être soumis aux fumigations, ensuite lavés dans une eau courante, enfin exposés pendant long-temps à lair libre.

Les *Oreillers*, les *Taversins*, à plus forte raison les *Lits de plumes* doivent être décousus; la plume doit être battue, étendue sur des planches, soumise aux fumigations, exposée, pendant 6 ou 8 heures, dans un four chauffé à 40 degrés au thermomètre de Réaumur, battue de nouveau et tenue long-temps à l'air libre.

Toutes les *Toiles*, tous les *Coutils* doivent être également fumigés, lessivés et bien lavés avant de les employer à refaire les matelats, les paillasses, les lits de plumes, les oreillers et les traversins.

Les *Draps*, les *Rideaux* des lits et des fenêtres, tout le *Linge de Corps*, tout le *Linge à Pansement* doivent être soumis aux fumigations, puis lessivés soigneusement et bien séchés.

Tous les vêtemens : *Habits*, *Redingottes*, *Capotes*, *Vestes*, *Gilets*, *Culottes*, *Pantalons*, *Caleçons*, *Bas*, *Souliers*, *Bottes*, *Chapeaux*, *Schacots*, *Bonnets*, etc. Tous les ustensiles tels que *Gibernes*, *Havresacs*, *Ceinturons*, etc., dont on aura enlevé les plaques en métal et autres garnitures, doivent être soumis aux fumigations et ensuite exposés long-temps à l'air libre.

Quant aux armes : *Fusils*, *Bayonnettes*, *Pistolets*, *Sabres*, etc., et aux plaques de métal, qui sont tous susceptibles de se rouiller, il suffit de les nétoyer à la manière ordinaire, parce qu'il est prouvé que les substances métalliques, surtout quand elles sont polies ne peuvent que très-peu recéler les germes contagieux.

Manière de faire les fumigations des fournitures des Lits, des Vêtemens et des Ustensiles.

La purification des hardes et vêtemens, des fournitures, des lits et autres objets qui ont servi aux individus ayant habité des locaux infectés, ou porté sur eux le germe de l'infection, doit se faire dans un endroit destiné à cette opération. Là les différens effets seront étalés sur des perches ou étendus sur des claies et soumis à une forte fumigation, suivant le procédé de M. Guyton de Morveau. On se conduira de la même manière que pour désinfecter les salles, chambres, etc. (page 4, n.° 4.)

Précautions à prendre à l'extérieur.

Ce serait vainement qu'on désinfecterait tout l'intérieur d'un bâtiment, si on laissait au dehors des causes renaissantes d'infection. Il faut donc, avant même de pratiquer des fumigations désinfectantes dans un bâtiment quelconque ou dans quelques parties de ce bâtiment, enlever, avec un soin particulier, toutes les immondices, toutes les substances putréfiées ou susceptibles de se putréfier, matières fécales, urines, fumier, vieille paille; toutes les substances animales ou végétales qui se trouvent autour de l'édifice, dans les cours et les terrains qui en dépendent, ou sont dans le voisinage. Il faut brûler tout ce qui en est susceptible, porter au loin dans la campagne, tout ce qui doit être enterré ou déposé dans des lieux destinés à ces usages. Il faut que le sol des cours ou terrains environnans soit nétoyé, graté, balayé et lavé, ou couvert de sable.

DEUXIÈME PARTIE.

Moyens de prévenir l'Infection dans les Hôpitaux, dans les Casernes, dans les Prisons, etc., lorsqu'il ne règne point de contagion.

Après qu'un local a été parfaitement désinfecté, ou lorsqu'il n'a pas été infecté, mais que l'on craint qu'il ne le devienne, il faut :

1.° Pour le service des malades, des militaires ou des prisonniers, et pour celui de tous les employés, ne donner que des lits complets, des meubles, des ustensiles et des vêtemens, ou neufs ou parfaitement désinfectés. Il faut, dans les prisons, fournir souvent de la paille fraîche et très-sèche, et brûler celle qui a servi.

2.° Entretenir dans les différentes pièces, corridors, escaliers, un courant d'air, soit en ouvrant les fenêtres, soit par le moyen d'un ventilateur ; mais toujours de manière que l'air de ces différens locaux soit souvent renouvelé.

3.° Enlever soigneusement, à l'intérieur et à l'extérieur, toutes les immondices qui peuvent entrer en putréfaction et altérer la pureté de l'air.

4.° Employer tous les soins de propreté, lavage, arrosement, balayage et même badigeonnage au lait de chaux.

5.° Prévenir l'altération de l'air dans les hôpitaux, et pour cela defendre expressément au convalescens et autres personnes qui circuleraient dans les salles, de fumer, non-seulement à cause de l'odeur qui pourrait incommoder les malades, mais encore à cause de la sputation ou crachement abondant de mucus et de salive qui, par son séjour sur le sol, devient en même temps cause d'humidité et de putréfaction.

Enjoindre aux infirmiers d'enlever, sur-le-champ, toutes les excrétions des malades et de ne les transporter qu'après avoir bouché les vases qui les contiennent.

Exiger qu'il soit fait, plusieurs fois par jour, des visites dans les salles par l'agent de surveillance, pour faire observer les règles de propreté et de tranquillité.

6.° Entretenir autour des Bâtimens, Hôpitaux, Dépôts, Casernes, Prisons, si la disposition des locaux le permet, des arbres, des arbustes et des plantes en pleine végétation; ce qui est un puissant moyen d'assainir l'air ambiant. Mais planter les arbres à une distance convenable des bâtimens pour prévenir l'humidité que leur trop grand voisinage y entretiendrait.

7.° Ne placer jamais, dans un Hôpital, qu'un seul malade dans un lit. N'avoir, dans chaque salle, que le nombre de lits qu'elle doit contenir pour qu'ils soient suffisamment espacés, c'est-à-dire suivre à cet égard les réglemens des Hôpitaux. Ce précepte est de la plus haute importance, parce que l'encombrement est la cause la plus puissante, la plus propre à favoriser la naissance de la contagion, si elle n'a pas encore lieu; et à l'entretenir, si elle existe.

8.° Classer les malades suivant le genre de leurs affections; ce soin ne peut regarder que les médecins et les chirurgiens.

TROISIÈME PARTIE.

Moyens de s'opposer à la propagation et à la communication de l'infection, lorsqu'il existe des maladies contagieuses.

Dans le cas ou une maladie contagieuse régnerait, et particulièrement celle qui est connue sous le nom de *Fièvre d'Hôpital*, *Fièvre des Prisons*, etc., il faut:

1.° Consacrer spécialement un Hôpital à recevoir les malades affectés de la contagion, ou suspectés d'en porter le germe pour s'être trouvés dans les circonstances propres à la contracter.

2.° Si l'on ne peut pas consacrer un Hôpital entier à ces malades, il faut, au moins, avoir des salles uniquement destinées à contenir les maladies contagieuses. Il faut isoler ces salles de manière qu'il n'y ait aucune communication entr'elles et le reste de l'hôpital ; il faut que tous les employés, en chefs ou subalternes, médecins, chirurgiens, sœurs, infirmiers, infirmières, gens de peine, attachés au service de ces salles, n'aient aucun rapport, aucune communication avec les autres salles.

3.° Il est essentiel de ne placer dans des lits les malades atteints d'affections contagieuses ou qui en porteraient le germe, qu'après qu'ils auront été soumis aux fumigations qui seront pratiquées de la manière suivante :

Dans une pièce destinée à cet usage, et chauffée convenablement s'il fait froid, placez les malades nuds ou n'ayant qu'une chemise sur le corps.

Prenez un vase de verre, ou une capsule peu profonde d'une poterie dure, placez ce vase sur le sol ou sur un siège de manière que, dans les différens mouvemens, on ne puisse pas le renverser. Alors mettez-y 15 à 20 grammes (4 à 5 onces) d'huile de vitriol

(acide sulfurique concentré à *66* degrés). Ensuite projetez peu-à-peu une égale quantité de nitrate de potasse. La chaleur qui se développe dans le mélange, suffit pour en dégager un gaz acide ou vapeurs nitriques qui s'élève doucement, se répand lentement dans l'atmosphère, attaque et détruit les miasmes contagieux, sans exciter la toux ni imcommoder les malades qui peuvent y rester exposés pendant une demi-heure, une heure et même deux heures.

Remuez, de temps en temps, le mélange avec une baguette de bois, ou mieux avec un tube de verre ou un tesson de porcelaine, mais jamais avec un instrument quelconque de métal; ce qui formerait des *vapeurs rutilantes* très-dangéreuses pour les personnes soumises aux fumigations.

La dose indiquée pour une fumigation nitrique peut suffire pour une chambre de 325 centimètres (10 pieds) sur chaque dimension. Mais si le local est plus grand, ou si on y admet à la fois un grand nombre de malades, au lieu d'augmenter la dose de substances dans le même vase, il faut multiplier les appareils ou capsules et les placer à quelques distances les uns des autres, afin d'éviter la formation des vapeurs rutilantes qui deviendraient irritantes.

4.° Après avoir été fumigés, les malades seront baignés, ou, au moins, bien lavés avec un mélange d'eau tiède et de vinaigre, ensuite couverts de vêtemens propres et parfaitement désinfectés.

5.° Il est nécessaire de faire presque continuellement de pareilles fumigations dans les salles mêmes des malades, et pour cela on placera, d'espace en espace et dans l'intervalle des lits, des capsules contenant de l'acide sulfurique et dans lesquelles on projettera, de temps en temps, du nitrate de potasse, avec les précautions indiquées ci-dessus (page 9, note, alinéa 6 de la note), ou bien on fera par intervales des fumigations muriatiques, mais extrêmement faibles. (page 9, 3.e alinéa de la note.)

6.° Il faut enlever à tous ceux qui seront admis dans des lits tous leurs vêtemens tous les ustensiles qui ont été à leur usage pour les désinfecter de la manière ci-dessus. (pages 14 et 15.)

7.° Dans un Hôpital ou dans des salles infectés, il est très-essentiel de soumettre régulièrement aux fumigations tous les lits qu'auront occupés les malades atteints de la contagion, avant d'y placer d'autres malades, fussent-ils, même, pris de l'infection. A plus forte raison doit-on, dans un Hôpital ou dans une salle non-infectés, fumiger et désinfecter entièrement les lits dans lesquels ont été placés des individus atteints de la contagion, et que l'on a évacués ou sur l'Hôpital ou dans les salles destinés à les recevoir. Sans cette précaution que commande l'humanité, on s'expose à faire contracter la maladie à ceux qui ne l'ont point.

8.° On doit exiger que les pansemens se fassent très-régulièrement et avec le soin le plus scrupuleux et qu'on emporte, sur-le-champ, les appareils de ces pansemens.

9.° On doit faire régner l'abondance et le

choix relativement aux choses essentiellement utiles aux malades, comme médicamens, alimens, surtout le vin, linge de lits, linge de corps, linge à pansemens, qui doivent-être toujours très-propres, très-secs et très-souvent renouvelés.

10.° Attacher à l'Hôpital ou aux salles particulières un nombre suffisant de médecins, de chirurgiens et d'élèves, de sœurs hospitalières, de gens de peine; pour que le service des malades se fasse avec célérité, avec ponctualité et de manière à bien remplir les vues des médecins et des chirurgiens. Leur fournir des alimens et du vin qui, pour la qnantité et la qualité, répondent aux très-rudes travaux auxquels ils sont obligés; et que jamais ces travaux n'excèdent leurs forces; rien ne disposant plus à contracter une maladie contagieuse, et particulièrement la fièvre d'Hôpital, que les fatigues excessives, une nourriture qui ne serait pas convenable et le découragement qui est la suite de la détresse.

11.° Obliger tous les Employés, tous les

gens de peine à se soumettre, eux et leurs vêtemens, à l'usage journalier des fumigations indiquées pour les malades entrants et à faire des lotions fréquentes avec l'eau et le vinaigre.

12.° Consigner tous les infirmiers, infirmières et gens de peine dans l'hôpital même qui recèle la contagion, afin de prévenir le grand inconvénient de les voir porter et répandre l'infection au-dehors. On doit être très-sévère sur l'exécution de cette mesure.

13.° Inviter les médecins, les chirurgiens et leurs élèves à prendre, pour eux-mêmes, les précautions qu'ils conseillent à leurs malades, et qu'ils doivent exiger de ceux qui les secondènt.

14.° On doit faire chaque jour, au moins deux fois, des fumigations guytoniennes très-fortes dans la salle des morts; éviter d'y amonceler les cadâvres, les faire enlever dans des chariots couverts que l'on désinfectera chaque jour, en y faisant une fumigation; les enterrer dans des fosses particulières et très-profondes, les couvrir, sur-le-champ, de plusieurs pieds de terre, et marquer ces fosses, afin de ne les fouiller de nouveau qu'après un grand nombre d'années et avec les précautions recommandées dans ces circonstances. Par-là on préservera de la contagion ceux qui rendent les derniers devoirs aux morts, on empêchera le voisinage des cimetières d'être infecté, et l'on préviendra le retour de maladies dévastatrices. (1)

15.° Pour transporter les malades, soit de leurs demeures dans un hôpital, soit d'un hôpital non-infecté à un hôpital consacré à la contagion, il est nécessaire de destiner un certain nombre de voitures, soit de place,

(1) C'est aux Magistrats qui veillent à la salubrité publique, à donner les ordres nécessaires aux fossoyeurs, à leur fournir un terrain assez spacieux et placé loin des lieux habités, et à les indemniser des frais extraordinaires qu'ils seraient obligés de faire pour obéir à cette ordonnance particulière de Police, dont l'exécution doit être surveillée avec le plus grand soin.

soit construites pour ce service, mais qui portent des marques distinctives et qui ne servent, uniquement et certainement, qu'à ces transports ; ensuite d'avoir des brancards garnis de leurs matelats et de leurs couvertures, qui ne soient employés, dans chaque hôpital, qu'à transférer les malades infectés de la contagion.

Les voitures, les brancards, avec leurs garnitures, seront fumigés chaque jour.

Cette mesure est d'une très-grande importance. Le conseil qu'en donne la Commission de Salubrité, est du ressort de la Médecine ; le mode d'exécution doit être l'objet d'une Ordonnance particulière.

16.° Enfin, ne jamais perdre de vue que dans tous les cas où il règne une maladie contagieuse, plus ou moins meurtrière, plus ou moins étendue, et de quelque nature qu'elle soit, il doit exister un accord parfait, des relations intimes et habituelles entre les

Magistrats et les Médecins et Chirurgiens qui peuvent, seuls, être leur conseil.

Signé, CHAUSSIER, GEOFFROY, PETIT, FOUQUIER, DEYEUX, BAYLE, LEROUX.

Paris, le 9 août 1814.

Pour copie conforme :

J.-J. LEROUX, *Doyen de la Faculté de Médecine de Paris, Président de la Commission de Salubrité.*

ORDONNANCE

Concernant des mesures de Police à l'occasion de la Fête de SA MAJESTÉ.

Paris, le 23 août 1814.

NOUS, DIRECTEUR-GÉNÉRAL DE LA POLICE DU ROYAUME,

Vû la lettre de S. Ex. le ministre de

l'intérieur, et celle de M. le gouverneur du Palais des Tuileries,

ORDONNONS ce qui suit :

ART. I.er Les représentations gratuites qui auront lieu dans les spectacles demain mercredi 14 août, commenceront *toutes* à *trois heures et demie* du soir.

Les portes seront ouvertes au Public à trois heures.

II. Le même jour, à compter de six heures du soir jusqu'à minuit, la circulation et le stationnement des Voitures, autres que celles des personnes qui se rendront à la cour, sont interdits sur les quais qui bordent les deux rives de la Seine, à partir du pont des Arts jusqu'au pont de Louis XVI, sur ce pont, sur la place Louis XV, dans la rue Royale, dans la rue S.-Honoré, depuis la rue Royale jusqu'à celle des Poulies, et dans toutes les parties de la voie publique comprises dans cette enceinte.

III. La présente Ordonnance sera imprimée et affichée.

L'inspecteur-général de la police, les commissaires de police et les officiers de paix, sont chargés, de tenir la main à son exécution.

Le Directeur-général de la Police du Royaume,
Signé, Le Comte BEUGNOT.

Par Son Excellence :

Le Secrétaire-général, signé, SAULNIER.

ILLUMINATION GÉNÉRALE.

Paris, le 24 août 1814.

NOUS, DIRECTEUR-GÉNÉRAL DE LA POLICE DU ROYAUME,

Vû la lettre de S. Ex. le ministre de l'intérieur,

ORDONNONS ce qui suit :

ART. I.er Les habitans de Paris illumineront la façade de leurs maisons dans la soirée du 25 août.

II. Il est défendu de vendre et d'acheter des fusées, pétards, boîtes, bombes et autres pièces d'artifice, et d'en tirer dans les rues, promenades, places publiques, cours et jardins, ou par les fenêtres des maisons.

Les pères et mères et les chefs de maison sont civilement responsables de leurs enfans, de leurs ouvriers ou domestiques.

Les marchands de pièces d'artifice sont personnellement responsables en ce qui les concerne.

III. La présente Ordonnance sera imprimée et affichée.

Les commissaires de Police sont chargés de tenir la main à son exécution.

Le Directeur-général de la Police du Royaume,
Signé, Le Comte BEUGNOT.

Par Son Excellence :

Le Secrétaire-général, signé, SAULNIER.

ORDONNANCE

Concernant des mesures de Police relatives aux Fêtes et Cérémonies qui auront lieu le 29 août.

Paris, le 27 août 1814.

NOUS, DIRECTEUR-GÉNÉRAL DE LA POLICE DU ROYAUME,

Vû le programme des dispositions relatives aux fêtes et cérémonies qui auront lieu le 29 août, jour de la réception de Sa Majesté à l'Hôtel-de-Ville;

ORDONNONS ce qui suit:

ART. I.er Lundi, 29 août, la voie publique sera balayée à six heures du matin.

Les boues et immondices seront enlevées au plus tard à dix heures.

Et l'arrosement devra être terminé à onze.

II. Il est défendu de construire ou faire

construire aucuns échafauds, amphithéâtres, estrades ou autres établissemens de ce genre.

Il est également défendu de placer sur la voie publique des chaises et des bancs.

Les commissaires de police et l'architecte-commissaire de la petite voirie feront enlever tous ces objets.

III. A compter de dix heures du matin jusqu'au lendemain aucunes voitures ne pourront circuler ni stationner dans Paris.

Sont exceptées les voitures des personnes qui se rendront à la Cour ou à l'Hôtel-de-Ville, les courriers de la malle et les diligences.

IV. Les voitures des personnes qui viendront de Sèvres à Paris, fileront par Vaugirard ou par le bois de Boulogne, l'avenue de Neuilly, le nouveau boulevart et la barrière du Roule.

Celles qui arriveront par la route de Neuilly fileront aussi par la barrière du Roule.

V. Le passage de la rivière en bachots ou batelets ne pourra avoir lieu, le lundi 29 août, depuis le pont de Louis XVI jusqu'à la sortie de Paris, qu'au port des Invalides.

Les passeurs d'eau se pourvoiront de bachots en nombre suffisant pour que le service se fasse avec sûreté et célérité.

VI. Il ne pourra être admis dans chaque bachot ou batelet plus de *douze* personnes.

Il est enjoint aux passeurs d'eau de désigner aux officiers de police ou à la garde, les individus qui, par imprudence, compromettraient la sûreté des passagers.

VII. Les commissaires veilleront à ce que l'ordre soit maintenu pendant les distributions de comestibles qui se feront aux Champs-Élysées.

En cas de trouble, la distribution sera suspendue jusqu'à ce que l'ordre soit rétabli.

VIII. Il ne sera laissé aucun bateau, train ou portion de train de bois sur la rivière, entre le pont Royal et le pont de Louis XVI, ni au-dessous de ce pont dans un espace de deux cents mètres au moins.

Les bateaux, trains ou portions de trains qui s'y trouveraient seront descendus ou remontés aux frais et risques des propriétaires.

IX. Des bateaux, montés chacun par deux

mariniers-nageurs, seront placés en nombre suffisant dans le bassin entre le Pont-Royal et le pont de Louis XVI, pour porter des secours au besoin, et empêcher que personne ne s'introduise sur la rivière.

Il ne pourra y avoir dans ce bassin aucuns bachots autres que ceux nécessaires au service.

A compter de midi, l'école de natation, les bains froids, les bains chauds et le bateaux à lessive situés dans le même bassin, seront interdits au public.

X. Il est défendu à toute personne de s'introduire sur le port de la rive droite de la rivière, entre le Pont-Royal et le pont de Louis XVI.

Sont seules exceptées celles qui seront munies de cartes.

XI. Il est défendu de se placer sur les berges des deux rives de la Seine pour voir le feu d'artifice, et spécialement depuis le Pont-Royal jusques aux Pompes à feu de Chaillot et du Gros-Caillou.

XII. Il est défendu de monter sur les monumens et édifices publics, sur les parapets des quais et ponts, sur les pierres rangées, sur les toits, les entablemens, les auvents et sur les barrières au-devant des maisons.

Il est également défendu de monter sur les arbres.

XIII. Le passage sur le pont des Arts aura lieu pendant le jour du 29 août, jusqu'à sept heures du soir.

Les personnes qui le traverseront ne pourront s'y arrêter.

A compter de sept heures du soir, le passage, sur ce pont, sera entièrement interdit jusqu'après le tirage du feu d'artifice.

XIV. Les personnes qui se rendront à l'Hôtel-de-Ville devront être munies de leurs billets d'invitation.

XV. Les personnes munies de lettres manuscrites, de billets bleus et de billets gris, pour les Salles de réception et de Banquet, entreront à l'Hôtel-de-Ville par la rue du Martrois.

Elles devront y arriver de deux à cinq heures.

Les personnes munies de billets verts, roses

et rouges, pour les salles de concert et de bal, entreront à l'Hôtel-de-Ville par le grand escalier sur la place.

Elles devront également y arriver de deux à cinq heures.

Les personnes munies de billets blancs, pour le bal, entreront à l'Hôtel-de-Ville par le même escalier.

Elles devront arriver de dix heures à minuit.

XVI. Les voitures des personues munies de lettres manuscrites, et de billets bleus et gris, seront dirigées; savoir :

Celles des personnes qui habitent les quartiers de la rive gauche de la Seine, par le pont au Change, sur le quai de Gèvres.

Et celles des personnes qui habitent les quartiers de la rive droite, par la rue Saint-Honoré, la rue de l'Arbre-Sec, la place de l'École et de la Mégisserie.

Toutes ces voitures se réuniront en une seule file sur le quai de Gèvres pour arriver à la rue du Martrois.

Elles fileront à vide par la place Baudoyer, la rue des Barres, pour aller stationner sur le port au Blé à partir du Corps-de-Garde, sur le quai des Ormes, et au besoin, sur le quai des Célestins.

La place de l'Hôtel-de-Ville et le port de la Grève, jusqu'au Corps-de-Garde, sont exclusivement réservés pour le stationnement des voitures du cortège de S. M.

XVII. Les voitures des personnes munies de billets verts, roses et rouges seront dirigées, savoir :

Celles des personnes qui habitent les quartiers de la rive gauche de la Seine, par le Pont-Neuf, la place des Trois-Maries, la rue S.-Germain-l'Auxerrois et celle S.-Jacques-la-Boucherie,

Et celles des personnes qui habitent les quartiers de la rive droite, par la rue Saint-Martin, jusqu'à l'angle de la rue de la Vannerie.

Toutes ces voitures se réuniront, en une seule file, dans la rue de la Vannerie, pour arriver au pied du grand escalier de l'Hôtel-de-Ville.

Elles fileront par la rue du Mouton, de la Tixéranderie, la place Baudoyer et la rue

S.-Antoine, pour y stationner, à partir de la rue S.-Paul jusqu'à la place de la Bastille, et au besoin, sur les boulevarts.

XVIII. Les voitures des personnes munies de billets blancs seront dirigées, sur la rue de la Vannerie où elles se formeront en une seule file pour arriver au pied du grand escalier de l'Hôtel-de-Ville.

Ces voitures fileront à vide par les rues du Mouton, de la Tixéranderie, la place Baudoyer, le marché S.-Jean pour stationner rue Bourtibourg et vieille rue du Temple.

XIX. Les maîtres sont invités à donner l'ordre formel à leurs cochers de ne pas rompre les files et d'aller au pas.

XX. Les têtes de file des voitures seront établies, savoir :

Pour celles en stationnement sur le Port-au-Blé, au corps-de-garde,

Pour celles en stationnement rue S.-Antoine, à l'angle de la rue S.-Paul,

Et pour celles en stationnement Vieille rue du Temple, au marché S.-Jean.

XXI. Il est défendu aux cochers de quitter les rênes ne leurs chevaux.

XXII. Les voitures en stationnement dans les lieux désignés articles XVI, XVII et XVIII, ne pourront être mises en mouvement qu'après le départ du cortège royal de l'Hôtel-de-Ville, et sur l'ordre précis qui en sera donné aux cochers par les officiers de police.

XXIII. Les personnes qui voudront se retirer immédiatement après le départ du cortège royal, sortiront de l'Hôtel-de-Ville par la porte dite du Tourniquet.

Leurs voitures viendront les recevoir au coin des rues du Tourniquet et du Martrois, par les rues des Barres et S.-Antoine.

XXIV. Le départ des voitures, du lieu de leur stationnement respectif, s'effectuera dans l'ordre suivant :

Celles qui auront été mises en stationnement sur le quai des Ormes et des Célestins, seront dirigées sur la place de l'Hôtel-de-Ville, par le Port-au-Blé,

Celles mises en stationnement rue Saint-

Antoine, seront dirigées sur la place de l'Hôtel-de-Ville, par la rue du Martrois,

Et celles stationnées dans la rue Bourtibourg et Vieille rue du Temple, seront dirigées sur la place de l'Hôtel-de-Ville, par les rues de la Tixéranderie et du Mouton.

Toutes les voitures sortiront de la place de l'Hôtel-de-Ville par le quai Pelletier.

XXV. Les habitans de Paris illumineront la façade de leurs maisons dans la soirée du 29 août.

XXVI. Il est défendu de vendre, d'acheter des fusées, pétards, boîtes, bombes et autres pièces d'artifices, et d'en tirer dans les rues, promenades, places publiques, cours et jardins, ou par les fenêtres des maisons.

Les pères et mères et les chefs de maisons sont civilement responsables de leurs enfans, de leurs ouvriers ou domestiques.

Les marchands de pièces d'artifice sont personnellement responsables de l'exécution du présent article, en ce qui les concerne.

XXVII. Il sera placé des pompes, des

tonneaux et des sceaux à incendie, par-tout où il sera jugé nécessaire, pour porter des secours aub esoin.

XXVIII. Aucun commissaire de police, aucun officier de paix ne pourra quitter le poste qui lui aura éte confié qu'après la retraite du public.

Les commissaires de police et les officiers de paix feront toutes les réquisitions aux commandans de la troupe pour qu'elle reste en activité jusqu'au moment où ils pourront se retirer eux-mêmes.

XXIX. L'inspecteur-général de la police est autorisé à prendre toutes les mesures de police que les circonstances nécessiteront et qui n'auraient pas été prévues par la présente Ordonnance.

XXX. Il sera pris envers les contrevenans telles mesures de police administrative qu'il appartiendra, sans préjudice des poursuites à exercer contr'eux devant les tribunaux.

XXXI. La présente Ordonnance sera imprimée et affichée.

L'inspecteur-général de la police du département de la Seine, les commissaires de police de Paris, les maires des communes de Sèvres, Neuilly et Vaugirard, les officiers de paix, le commandant du corps des sapeurs-pompiers l'architecte-commissaire de la petite voirie, l'inspecteur-général de la navigation et des ports, et l'inspecteur-général de la salubrité, sont chargés de tenir la main à son exécution.

Le colonel d'armes de Paris est spécialement chargé d'en assurer le maintien par tous les moyens qui sont à sa disposition.

Le Directeur-général,
Signé, Le Comte BEUGNOT.
Par Son Excellence :
Le Secrétaire-général, *signé*, SAULNIER.

ORDONNANCE

Concernant le remblai sur le Terrain de l'Abattoir, situé au-delà du boulevart de l'Hôpital.

Paris, le 2 septembre 1814.

NOUS, DIRECTEUR-GÉNÉRAL DE LA POLICE DU ROYAUME,

Vû la lettre de M. le maître des requêtes, directeur des travaux publics de Paris, en date du 16 août dernier ;

ORDONNONS ce qui suit :

ART. I.er Les gravois provenans des déblais ou démolitions dans les quartiers S.-Jacques, S.-Marcel, S.-Victor, de l'île S.-Louis, de la place Maubert, du Jardin des Plantes, du Finistère et de l'Observatoire, continueront d'être transportés sur le terrain l'Abattoir situé au delà du boulevart de l'Hôpital, entre les barrières d'Ivry et des Moulins.

II. Les décharges publiques ou particulières

autres que celle autorisée par l'article précédent, qui seraient ouvertes maintenant dans les quartiers sus-indiqués, sont et demeurent provisoirement fermées.

III. Les gravatiers, occupés dans lesdits quartiers, dont les voitures chargées prendraient une direction contraire à ce qui est prescrit par l'article 1.er, seront arrêtés et conduits au Département de la Police : leurs chevaux seront mis en fourrière.

IV. La présente Ordonnance sera imprimée et affichée.

Les commissaires de police, l'inspecteur-général de Police, les officiers de paix, l'architecte-commissaire de la petite Voirie, l'inspecteur-général de la navigation et des ports, l'inspecteur-général de la salubrité et les préposés de la Direction-générale de la Police sont chargés d'en surveiller l'exécution.

Le Directeur-général de la Police du Royaume,

Signé, Le Comte BEUGNOT.

Par Son Excellence :

Le Secrétaire-général, *signé*, SAULNIER.

ORDONNANCE

Concernant la distribution des Drapeaux et Étendards à la Garde-Nationale de Paris.

Paris, le 5 septembre 1814.

NOUS, DIRECTEUR-GÉNÉRAL DE LA POLICE DU ROYAUME,

Vû la lettre du ministre d'état, pair de france, major-général des gardes-nationales du royaume, commandant en chef la garde-nationale de Paris, par laquelle S. Ex. nous informe que mercredi prochain le Roi doit se rendre avec la Famille Royale au Champ-de-Mars, pour y faire la distribution des drapeaux et étendards à la garde-nationale de Paris,

ORDONNONS ce qui suit:

ART. I.er Mercredi prochain, 7 septembre, à compter de huit heures du matin, la circulation et le stationnement des voitures seront interdits sur le quai du Louvre, sur le Pont-Royal, sur le pont de Louis XVI, sur le quai d'Orsai, sur le pont d'Iéna, dans les rues du Bac et de Grenelle, sur la place des Invalides, dans l'avenue de la Motte-Piquet, dans les avenues extérieures du Champ-de-Mars, et dans le pourtour de l'École Militaire.

La circulation n'y sera rétablie qu'une heure après le retour du cortège de S. M. au château des Tuileries.

II. Les personnes qui habitent les quartiers de la rive gauche de la Seine, ne pourront arriver sur les talus du Champ-de-Mars que par la grille située au milieu de l'avenue de la Bourdonnaie en face de la rue S.-Dominique.

Celles qui habitent les quartiers de la rive droite, ne pourront y arriver que par le pont d'Iéna et la grille située au milieu de l'avenue de Suffren, en face de la rue de Kléber.

III. Les voitures seront mises en stationnement dans les lieux qui seront désignés par les officiers de police.

IV. Le passage d'eau en bachots et batelets ne pourra avoir lieu qu'au port des Invalides.

Il ne pourra y avoir plus de *douze* personnes dans chaque bachot.

Les passeurs d'eau seront tenus de se pourvoir de bachots en nombre suffisant pour que le service se fasse avec sûreté et célérité.

Il leur est enjoint de désigner aux officiers de police ou à la garde les individus qui, par imprudence, exposeraient la sûreté des passagers.

V. Il est défendu de monter sur les arbres et sur les parapets.

VI. La présente Ordonnance sera imprimée, et affichée.

L'inspecteur-général de police, les commissaires de police, les officiers de paix, l'inspecteur-général de la navigation et des ports, sont chargés chacun en ce qui le concerne, de tenir la main à son exécution.

Le Directeur-général de la Police du Royaume,
Signé, Le Comte BEUGNOT.

Par Son Excellence :

Le Secrétaire-général, signé, SAULNIER.

ORDONNANCE

Concernant les mesures de Police qui doivent être observées les 11, 18 et 25 septembre à l'occasion de la Fête de Saint-Cloud.

Paris, le 9 septembre 1814.

Voyez pour cette Ordonnance, *tome VIII, page 309.*

ORDONNANCE

Concernant des mesures d'ordre à observer à l'occasion de la Distribution et Bénédiction des Drapeaux de la première Division Militaire.

Paris, le 17 septembre 1814.

NOUS, DIRECTEUR-GÉNÉRAL DE LA POLICE DU ROYAUME,

Vû la lettre du grand-maître des cérémonies

de france, par laquelle S. Ex. nous informe que la cérémonie de la distribution et bénédiction des drapeaux de la première division militaire aura lieu lundi prochain 19 septembre au Champ-de-Mars ;

ORDONNONS ce qui suit :

ART. I.er Lundi prochain 19 septembre, à compter de neuf heures du matin, la circulation et le stationnement des voitures seront interdits sur le quai du Louvre, sur le Pont-Royal, sur le pont de Louis XVI, sur le quai d'Orsai, sur le pont d'Iéna, dans les rues du Bac et de Grenelle, sur la place des Invalides, dans l'avenue de la Motte-Piquet, et dans les avenues extérieures du Champ-de-Mars, et dans le pourtour de l'École Militaire.

La circulation n'y sera rétablie qu'une heure après le retour du cortège de S. M. au château des Tuileries.

II. Les personnes qui habitent les quartiers de la rive gauche de la Seine, ne pourront arriver sur les talus du Champ-de-Mars que par la grille située au milieu de l'avenue de la Bourdonnaie en face de la rue S.-Dominique.

Celles qui habitent les quartiers de la rive droite, ne pourront y arriver que par le pont d'Iéna, et la grille située au milieu de l'avenue de Suffren, en face de la rue de Kléber.

III. Les voitures seront mises en stationnement dans les lieux qui seront désignés par les officiers de police.

IV. Le passage d'eau en bachots ou batelets ne pourra avoir lieu qu'au port des Invalides.

Il ne pourra y avoir plus de *douze* personnes dans chaque bachot.

Les passeurs d'eau seront tenus de se pourvoir de bachots en nombre suffisant pour que le service se fasse avec sûreté et célérité.

Il leur est enjoint de désigner aux officiers de police ou à la garde les individus qui, par imprudence, exposeraient la sûreté des passagers.

V. Il est défendu de monter sur les arbres et sur les parapets.

VI. La présente Ordonnance sera imprimée et affichée.

L'inspecteur-général de la police, les commissaires de police, les officiers de paix et l'inspecteur-général de la navigation et des ports sont chargés, chacun en ce qui le concerne, de tenir la main à son exécution.

Le Directeur-général de la Police du Royaume,
Signé, Le Comte BEUGNOT.

Par Son Excellence :

Le Secrétaire-général, signé, SAULNIER.

INSTRUCTION

Concernant la surveillance de la rivière, des ports, des chantiers de bois de chauffage et des places de vente du charbon de bois.

Paris, le 29 septembre 1814.

Voyez pour cette Instruction, *tome VIII, page 324.*

ORDONNANCE

Concernant le Balayage des rues dans Paris.

Paris, le 7 novembre 1814.

NOUS, DIRECTEUR-GÉNÉRAL DE LA POLICE DU ROYAUME, etc., etc.

ORDONNONS ce qui suit :

ART. Ier Les propriétaires ou locataires sont tenus de faire balayer régulièrement, tous les jours, au-devant de leurs maisons, boutiques, cours, jardins et autres emplacemens.

Le balayage sera fait à partir du ruisseau *dans les rues à deux pavés*. Les boues et immondices seront *mises en tas près des bornes*.

Dans les rues à chaussée, le balayage sera fait *depuis le milieu de la chaussée*. Les boues et immondices seront mises en tas, *le long des ruisseaux, du côté de la chaussée*.

Nul ne pourra pousser les boues et immondices devant les propriétés de ses voisins.

II. Le balayage sera terminé, tous les jours, à huit heures du matin, depuis le 1.er octobre jusqu'au 1.er mars, et à sept heures, depuis le 1.er mars jusqu'au 1.er octobre.

En cas de négligence, les commissaires de police feront balayer aux frais des propriétaires ou locataires.

III. Il est défendu de déposer dans les rues, aucunes ordures et immondices, provenant de l'intérieur des maisons, après le passage des voitures du nétoyement, sous les peines prononcées par les réglemens.

IV. Les verres, les bouteilles cassées, les morceaux de glaces, de poterie, de faïence, etc., seront déposés le long des maisons, séparément des boues et immondices.

V. Il est défendu de rien jeter dans les rues, par les fenêtres et croisées.

VI. Il est défendu de déposer des terres et gravois au-devant des maisons, après deux heures de relevée.

Les terres et gravois déposés au-devant des maisons, devront être enlevés dans le jour.

En cas de négligence, les commissaires de police les feront enlever aux frais des propriétaires.

VII. Les étalagistes autorisés à occuper des places dans les rues et sur les halles et marchés, seront tenus de les balayer matin et soir, et de rendre les places nettes, sous peine d'en être expulsés.

VIII. Il est enjoint aux desservans des voitures de place de balayer, deux fois par jour, les places affectées au stationnement, sous peine de révocation, savoir :

Le matin, avant que les voitures arrivent sur les places, et le soir, à quatre heures.

IX. Les habitans de la campagne et autres qui ramassent, dans Paris, des immondices et du petit fumier, ne pourront le faire que de grand matin. Ils se serviront de charrettes closes en planches, claies ou toiles. Il leur est défendu d'éparpiller les tas de boues ou de fumier.

X. Ceux qui transportent du fumier-litière, sont tenus de le contenir sur leurs charrettes par des bannes.

XI. Dans les temps de neige et de gelée, les propriétaires ou locataires seront tenus de balayer la neige et de casser les glaces au-devant de leurs maisons, boutiques, cours, jardins et autres emplacemens jusques et compris le ruisseau.

Ils mettront en tas, les neiges et glaces. En cas de verglas, ils jetteront des cendres, du sable ou des gravois.

XII. Il est défendu de déposer dans les rues, aucunes neiges et glaces provenant des cours, ou de l'intérieur des habitations, sous les peines prononcées par les Réglemens.

XIII. Ils est également défendu aux propriétaires ou entrepreneurs de bains et autres établissemens tels que teinturiers, blanchisseurs, etc, qui employent beaucoup d'eau, de laisser couler sur la voie publique, les eaux provenant de leurs établissemens pendant les gelées.

XIV. Les concierges, portiers ou gardiens des établissemens publics et des maisons domaniales, sont personnellement responsables de l'exécution des dispositions ci-dessus, en ce qui concerne les établissemens et maisons auxquels ils sont attachés.

XV. Les contraventions seront constatées par des procès-verbaux qui nous seront adressés.

XVI. Il sera pris envers les contrevenans telles mesures de *police administrative* qu'il appartiendra, sans préjudice des poursuites à exercer contr'eux devant les tribunaux.

XVII. La présente Ordonnance sera imprimée, *publiée* et affichée.

Les commissaires de police, l'inspecteur-général de la police, les officiers de paix, l'architecte-commissaire de la petite voirie, l'inspecteur-général de la salubrité et les préposés de la Police, sont chargés de tenir la main à son exécution.

Le Directeur-général,
Signé, Le Comte BEUGNOT.

Par Son Excellence :

Le Secrétaire-général, *signé*, SAULNIER.

ORDONNANCE

Concernant les Cabriolets.

Paris, le 14 novembre 1814.

NOUS, DIRECTEUR-GÉNÉRAL DE LA POLICE DU ROYAUME,

Considérant que la liberté et la sûreté de la voie publique sont journellement compromises par les cabriolets qui circulent dans Paris ; qu'il en est résulté de graves accidens qui ont excité des plaintes multipliées, et que pour rétablir l'ordre dans cette partie, il importe de renouveler les réglemens concernant les cabriolets ;

Vû les articles 2, 22 et 32 de l'Arrêté du Gouvernement du 12 messidor an VIII, et l'article 1.er de celui du 3 brumaire an IX,

ORDONNONS ce qui suit :

ART. I.er Dans un mois, à compter du jour de la publication de la présente Ordonnance, toute personne domiciliée dans le département de la Seine et dans les communes de Meudon, Sèvres et S.-Cloud, qui sera propriétaire d'un cabriolet pour son usage particulier, devra en faire la déclaration à l'Administration de la Police.

II. Les propriétaires de cabriolets loués sous remise à des particuliers, pour la journée, au mois ou à l'année, seront tenus de faire la même déclaration.

Il leur est défendu de les exposer et faire stationner sur aucun point de la voie publique, pour être loués.

III. Il sera délivré à ceux qui feront les déclarations prescrites par les articles précédens, des numéros pour être mis sur leurs cabriolets.

IV. Les cabriolets destinés uniquement à l'usage personnel de leurs propriétaires, seront numérotés au-dessous de la capotte, sur le panneau de derrière et sur les deux panneaux de côté.

Les numéros seront en chiffres arabes noirs de 81 millimètres (trois pouces) de hauteur, et de 7 millimètres (trois lignes) de plein sur un écusson fond blanc.

V. Les cabriolets loués sous remise continueront d'être numérotés par le préposé de l'Administration de la Police, qui est chargé de ce service.

Les numéros seront dans les mêmes dimensions que ceux des cabriolets bourgeois, sur un écusson fond blanc.

VI. Les chevaux de cabriolets porteront au col un grelot mobile de cuivre battu, et dont le bruit puisse avertir les passans.

Pendant la nuit les cabriolets seront garnis de deux lanternes adaptées à chaque côté de la caisse et allumées à la chûte du jour.

VII. Toute personne conduisant un cabriolet dans les rues de Paris, ne pourra mener son cheval qu'au *petit trot*. Il ne sera conduit qu'au pas dans les marchés, ainsi que dans les rues étroites où deux voitures ne peuvent passer de front.

VIII. Les propriétaires de cabriolets seront tenus, lorsqu'ils changeront de domicile, d'en faire préalablement la déclaration à l'Administration de la Police.

En cas de vente des cabriolets, il en sera fait aussi la déclaration.

IX. Les personnes qui ne sont point domiciliées dans le département de la Seine et dans les communes de S.-Cloud, Sèvres et Meudon, et qui viendront à Paris avec un cabriolet à leur usage particulier, exhiberont leur passe-port dans le cas où leur cabriolet serait arrêté comme ne portant point de numéros, lanternes ni grelots.

X. Il n'est point dérogé aux Ordonnances de Police concernant les cabriolets de place, et notamment à celle du 4 mai 1813, lesquelles continueront de recevoir leur exécution.

Les loueurs de cabriolets sur place seront tenus d'avoir également un grelot mobile de cuivre battu au col de leurs chevaux, et d'adapter à chaque côté de la caisse de leurs cabriolets, des lanternes allumées à la chûte du jour.

XI. Les contraventions aux dispositions ci-dessus seront constatées, soit par des procès-verbaux, soit par des rapports des officiers de paix ou préposés de la Police.

XII. Il sera pris envers les contrevenans telles mesures de police administrative qu'il appartiendra, sans préjudice des poursuites à exercer contr'eux devant les tribunaux.

XIII. La présente Ordonnance sera imprimée, *publiée* et affichée.

Les sous-préfets des arrondissemens de Saint-Denis et de Sceaux, les maires des communes rurales du ressort de la Police de Paris, les commissaires de police, l'inspecteur-général de police, les officiers de paix et les préposés de la Police sont chargés de tenir la main à son exécution.

Le Directeur-général,
Signé, Le Comte BEUGNOT.

Par Son Excellence :

Le Secrétaire-général, signé, SAULNIER.

ORDONNANCE

Concernant la police de la rivière et des ports, pendant l'hiver, et dans les temps des glaces, grosses eaux et débacles.

Paris, le 15 novembre 1814.

Voyez pour cette Ordonnance, *tome VIII, page 343.*

ORDONNANCE

Concernant les coutres des charrues, et les pinces et leviers des carriers.

Paris, le 18 novembre 1814.

LE DIRECTEUR-GÉNÉRAL DE LA POLICE DU ROYAUME,

Vû l'Ordonnance de Police du 22 mars 1777, et le § VII, de l'article 471, du code pénal,

ORDONNE ce qui suit :

ART. I.er Les fermiers, laboureurs et cultivateurs seront tenus, à compter du jour de la publication de la présente Ordonnance, de faire mettre leurs noms sur le coutre de leur charrue.

Ces noms seront empreints dans la partie supérieure du coutre, et de manière à ce qu'ils ne puissent point être effacés.

II. Il leur est enjoint d'enlever tous les soirs, après le travail, les coutres des charrues et de les transporter à leur domicile.

III. Il est défendu aux carriers, tailleurs de pierre et autres ouvriers qui font usage de pinces ou leviers de quelque nature qu'ils soient, de les laisser pendant la nuit dans les carrières ou sur les ateliers.

IV. Les coutres qui ne porteraient pas le nom du propriétaire, ou qui, ainsi que les pinces et leviers seraient trouvés dans les champs après le travail des laboureurs ou des ouvriers, seront enlevés et déposés chez ses commissaires de police, ou à leur défaut chez les maires.

V. Il sera fait, envers les contrevenants, toutes poursuites par-devant les tribunaux, conformément aux lois et réglemens qui leur sont applicables.

VI. La présente Ordonnance sera imprimée, *publiée* et affichée.

Les préfets et sous-préfets, les maires ou adjoints des communes, les commissaires de police, les gardes-champêtres et autres agens de l'autorité, sont chargés, chacun en ce qui les concerne, de tenir la main à son exécution.

Le Directeur-général de la Police du Royaume,
Signé, Le Comte BEUGNOT.

Par Son Excellence :

Le Secrétaire-général, *signé*, SAULNIER.

Mesures pour empêcher que la circulation des Charrettes n'occasionne des accidens.

Paris, le 21 novembre 1814.

LE DIRECTEUR-GÉNÉRAL DE LA POLICE DU ROYAUME,

Informé que des rouliers et charretiers compromettent journellement la sûreté publique, en contrevenant aux lois et réglemens de police, croit devoir en rappeler les principales dispositions.

Ces réglemens enjoignent aux rouliers et charretiers de se tenir *à pied, à la tête de leurs chevaux* et leur défendent de monter dessus et sur-tout de les *faire trotter ou galopper*, à peine d'amende et d'emprisonnement, conformément aux articles 475 et 476 du code pénal, indépendamment des dommages-intérêts dont sont passibles les propriétaires des charrettes, lorsqu'il en résulte des accidens.

Les mêmes réglemens enjoignent aux rouliers et charretiers de se détourner ou ranger devant toutes autres voitures, et, à leur approche, de leur laisser libre au moins la moitié des rues et chaussées.

Les conducteurs de charrettes attelées d'un seul cheval, peuvent monter dans les charrettes, mais seulement lorsqu'elles sont chargées et que le cheval est retenu par des guides en bon état et solides; dans tous les cas, ils doivent les conduire avec prudence.

Il est défendu de charger au-dessus des ridelles ou des planches de clôture, les voitures qui servent à transporter du bois, des planches, des moëllons, des gravois et autres objets qui, en tombant, peuvent blesser les passans.

Il est également défendu aux propriétaires de charrettes de les laisser conduire par des personnes âgées de moins de dix-huit ans.

En cas de contravention, les charrettes doivent être mises en fourrière.

Cette mesure est aussi applicable aux garçons bouchers, qui malgré les défenses souvent réitérées, conduisent leurs charrettes avec trop de rapidité.

Les sous-préfets des arrondissemens de S.-Denis et de Sceaux, les maires et adjoints des communes rurales du ressort de la police de Paris, les commissaires de police, l'inspecteur-général de la police, les officiers de paix, les chefs de service extérieur et les préposés de la police sont chargés de tenir la main à l'exécution des dispositions ci-dessus.

M. le lieutenant-général, colonel d'armes de la ville de Paris est invité à y concourir par tous les moyens qui sont en son pouvoir.

Le Directeur-général de la Police du Royaume,
Signé, Le Comte BEUGNOT.

Par Son Excellence :

Le Secrétaire-général, signé, SAULNIER.

LOI

Relative à la célébration des Fêtes et Dimanches.

Paris, le 18 novembre 1814.

LOUIS, par la grâce de Dieu, ROI DE FRANCE ET DE NAVARRE,

A tous ceux qui les présentes verront, salut :

Nous avons proposé, les deux chambres ont adopté, nous avons ordonné et ordonnons ce qui suit :

ART. I.er Les travaux ordinaires seront interrompus les dimanches et jours de fêtes reconnues par la loi de l'État.

II. En conséquence, il est défendu lesdits jours,

1.° Aux marchands d'étaler et de vendre, les ais et volets des boutiques ouverts ;

2.° Aux colporteurs et étalagistes de colporter et d'exposer en vente leurs marchandises dans les rues et places publiques ;

3.° Aux artisans et ouvriers de travailler extérieurement et d'ouvrir leurs ateliers;

4.° Aux charretiers et voituriers employés à des services locaux de faire des chargemens dans les lieux publics de leur domicile.

III. Dans les villes dont la population est au-dessous de cinq mille ames, ainsi que dans les bourgs et villages, il est défendu aux cabaretiers, marchands de vin, débitans de boissons, traiteurs, limonadiers, maîtres de paume et de billard, de tenir leurs maisons ouvertes, et d'y donner à boire et à jouer lesdits jours pendant le temps de l'office.

IV. Les contraventions aux dispositions ci-dessus seront constatées par procès-verbaux des maires et adjoints ou des commissaires de police.

V. Elles seront jugées par les tribunaux de police simple, et punies d'une amende qui, pour la première fois, ne pourra pas excéder cinq francs.

VI. En cas de récidive, les contrevenans pourront être condamnés au *maximum* des peines de police.

VII. Les défenses précédentes ne sont pas applicables,

1.° Aux marchands de comestibles de toute nature, sauf cependant l'exécution de l'article III;

2.° A tout ce qui tient au service de santé;

3.° Aux postes, messageries et voitures publiques;

4.° Aux voituriers de commerce par terre et par eau, et aux voyageurs;

5.° Aux usines dont le service ne pourrait être interrompu sans dommage;

6.° Aux ventes usitées dans les foires et fêtes dites *Patronales*, et au débit des menues marchandises dans les communes rurales, hors le temps du service divin;

7.° Au chargement des navires marchands et autres bâtimens du commerce maritime.

VIII. Sont également exceptés des défenses ci-dessus, les meuniers et les ouvriers employés: 1.° à la moisson et autres récoltes; 2.° aux travaux urgens de l'agriculture; 3.° aux constructions et réparations motivées par un péril imminent, à la charge dans ces deux derniers cas, d'en demander la permission à l'autorité municipale.

IX. L'autorité administrative pourra étendre les exceptions ci-dessus aux usages locaux.

X. Les lois et réglemens de police antérieurs, relatifs à l'observation des dimanches et fêtes, sont et demeurent abrogés.

La présente loi discutée, délibérée et adoptée par la chambre des pairs et par celle des députés, et sanctionnée par nous cejourd'hui, sera exécutée comme loi de l'État; voulons, en conséquence, qu'elle soit gardée et observée dans tout notre royaume, terres et pays de notre obéissance.

Si donnons en mandement à nos cours et tribunaux, préfets, corps administratifs et tous autres, que les présentes ils gardent et maintiennent, fassent garder et maintenir, et, pour les rendre plus notoires à tous nos sujets, ils les fassent publier et enregistrer partout où besoin sera: car tel est notre plaisir; et afin que ce soit chose ferme et stable à toujours, nous y avons fait mettre notre scel.

Donné à Paris, au château des Tuileries, le dix-huitième jour de l'an de grace, mil-huit-cent-quatorze, et de notre règne le vingtième.

Signé, LOUIS.

Par le Roi :

Le Ministre Secrétaire-d'État de l'Intérieur, *Signé*, L'Abbé DE MONTESQUIOU.

Visa :

Le Chancelier de France, *Signé*, DAMBRAY.

ORDONNANCE DE POLICE.

Paris, le 25 novembre 1814.

NOUS, DIRECTEUR-GÉNÉRAL DE LA POLICE DU ROYAUME,

Vû la loi du 18 novembre 1814, *relative à la célébration des fêtes et dimanches*;

ORDONNONS ce qui suit :

ART. I.er La loi du 18 novembre 1814, *relative à la célébration des fêtes et dimanches* sera imprimée, *publiée* et affichée par tout le Royaume.

II. Les préfets et sous-préfets, et sous leurs ordres, les maires et adjoints, ou les commissaires de police et les officiers de paix sont chargés de tenir la main à son exécution.

Le Directeur-général de la Police du Royaume,
Signé, Le Comte BEUGNOT.

Par Son Excellence :

Le Secrétaire-général, signé, SAULNIER.

ORDONNANCE
DU ROI

Concernant la vente du poisson d'eau douce.

LOUIS, par la grâce de Dieu, ROI DE FRANCE ET DE NAVARRE,

A tous ceux qui ces présentes verront, salut :

Sur le rapport de notre ministre et secrétaire-d'état, au département de l'intérieur ;

Notre conseil d'état entendu ;

Nous avons ordonné et ordonnons ce qui suit :

Art. I.er La vente du poisson d'eau douce qui s'est faite jusqu'à présent à la criée, à la halle de notre bonne ville de Paris, conformément à l'article 1.er du décret du 28 janvier 1811, aura lieu dorénavant de gré-à-gré et avec les feuilles de compte et de vente, à l'instar de ce qui se pratique relativement à la vente de la volaille, des beurres et des œufs.

Néanmoins le poisson d'eau douce pourra continuer à être vendu à la criée, dans le cas de réquisition de la part des vendeurs ou des agens de la police.

II. Il n'est rien innové aux autres dispositions du décret du 28 janvier 1811, qui continueront d'être exécutées suivant leur forme et teneur.

III. Notre ministre secrétaire d'état de l'intérieur est chargé de l'exécution de la présente ordonnance qui sera insérée au bulletin des lois.

Donnée en notre château des Tuileries, le 13 septembre 1814, et de notre règne le vingtième.

Signé, LOUIS.

Par le Roi :

Signé, L'Abbé DE MONTESQUIOU.

Pour Ampliation :

Le Ministre Secrétaire-d'État de l'Intérieur,
Signé, L'Abbé DE MONTESQUIOU.

Pour copie conforme :

Le Secrétaire-général du Ministère de l'Intérieur,
Signé, GUIZOT.

Pour copie conforme :

Le Secrétaire-général de la Direction-générale de la Police du Royaume,

Signé, SAULNIER.

ORDONNANCE DE POLICE

Concernant la Vente du Poisson d'eau douce à la Halle de Paris.

Paris, le 1.er décembre 1814.

NOUS, DIRECTEUR-GÉNÉRAL DE LA POLICE DU ROYAUME,

Vû l'Ordonnance du Roi, en date du 13 septembre dernier, *relative au mode de vente du poisson d'eau douce à la halle de Paris.*

ORDONNONS ce qui suit:

ART. I.er L'Ordonnance du Roi, en date du 13 septembre dernier, *relative au mode de vente du poisson d'eau douce à la halle de Paris*, sera imprimée, *publiée* et affichée avec le présent réglement de Police.

II. La vente du poisson d'eau douce faite de gré-à-gré, conformément à ladite Ordonnance, sera constatée par des feuilles de vente.

Ces feuilles énonceront les noms des marchands, les quantités, l'espèce du poisson et la désignation des lieux d'origine.

III. Le marchand forain fera inscrire sur la feuille, par l'un des contrôleurs à la vente, chacun des articles par lui vendus de gré-à-gré, le prix de la vente et les noms des acquéreurs, soit au comptant, soit au crédit.

Les contrôleurs sont tenus, sous leur responsabilité :

1.° D'inscrire sur leurs registres les ventes faites de gré-à-gré,

2.° De faire émarger par le facteur, sur la feuille du marchand, chaque article vendu au comptant.

Ils remettront ensuite la feuille au marchand.

IV. Les ventes à l'enchère, dans les cas prévus par le 2.e paragraphe de l'article 1.er de l'Ordonnance du Roi du 13 septembre dernier, continueront d'être faites conformément au réglement de police du 25 février 1811.

V. Les ventes à l'enchère terminées et vérifiées, les contrôleurs en porteront le produit sur chaque feuille à la suite du montant des ventes volontaires, s'il y en a eu d'effectuées.

Les contrôleurs additionneront la feuille, indiqueront le droit à distraire et la somme nette à payer au marchand forain, après quoi, ils signeront la feuille et la remettront audit marchand.

VI. Le marchand forain muni de sa feuille, se présentera à la caisse pour recevoir le produit net de la vente.

Il est défendu au facteur de payer directement le marchand forain.

VII. Il est interdit de remporter ou reserrer du poisson mort, sous les peines de droit.

VIII. A défaut d'acheteur, le poisson vivant sera reserré et mis en étui, à la charge par le marchand,

1.° De déclarer les quantités et espèces reserrées.

2.° De les représenter et remettre en vente dans la huitaine au plus tard.

IX. Le poisson d'eau douce amené à destination de personnes faisant le commerce de poisson, sera déclaré et le droit en sera perçu au cours du jour, pour les mêmes espèces et qualités.

A défaut de ce cours, le droit sera perçu sur le cours du marché précédent.

A cet effet, il sera dressé une feuille de vente conformément aux articles 2 et 3 du présent réglement.

X. Le droit sera perçu par le facteur et versé par lui, chaque jour, à la caisse de la marée.

XI. Les Réglemens de Police du 21 janvier 1807 et 25 février 1811, continueront de recevoir leur exécution, en tout ce qui n'est pas contraire aux dispositions du présent Réglement.

XII. Les contraventions seront constatées par des procès-verbaux, qui nous seront adressés. Les contrevenans seront immédiatement déférés aux tribunaux, conformément aux lois et réglemens.

XIII. Le commissaire de police du quartier des Marchés, le commissaire-inspecteur-général des Halles et Marchés et les préposés de la police sont chargés d'assurer l'exécution du présent Réglement.

Le Directeur-général de la Police du Royaume,
Signé, Le Comte BEUGNOT.

Par Son Excellence :

Le Secrétaire-général, signé, SAULNIER.

ORDONNANCE

Concernant la fabrication et la vente de la chandelle et de la bougie.

LE DIRECTEUR-GÉNÉRAL DE LA POLICE DU ROYAUME,

Considérant que la chandelle et la bougie ne sont point encore généralement vendues au poids métrique, que quelques fabricans continuent à se servir de moules établis d'après l'ancien système, et que le consommateur peut être trompé en ce que les chandelles ou les bougies qu'il achète, ne comportent pas le poids nominal pour lequel elles lui sont livrées; qu'il est nécessaire, pour l'intérêt public et la pleine exécution des réglemens, de faire cesser cet état de choses;

Vû les lois des 18 germinal an III et 1.er vendémiaire an IV, relatives aux poids et mesures;

Le décret du 12 février 1812 et l'arrêté de S. Ex. le ministre de l'intérieur du 28 mars de la même année sur l'exécution de ce décret;

En vertu des articles 2 et 26 de l'arrêté du gouvernement du 12 messidor an 8 et de l'arrêté du 3 brumaire an IX;

ORDONNE ce qui suit:

ART. I.er A compter du 1.er mars prochain, la chandelle *moulée* sera fabriquée dans des moules dont la contenance donnera exactement 8, 10, 12, 16, 20, 24, 32 chandelles au kilogramme.

II. La chandelle dite *à la baguette* sera fabriquée de manière à donner egalement 8, 10, 12, 16, 20, 24, 32 chandelles pour un kilogramme.

III. La bougie sera de même fabriquée au poids métrique, c'est-à-dire, que le poids du kilogramme devra toujours être présenté par un nombre déterminé de bougies qui soient entr'elles de pareille dimension.

IV. La vente de la bougie pourra continuer à se faire par paquets représentant et donnant exactement savoir ; pour la chandelle, le poids de deux kilogrammes et demi, et, pour la bougie, le poids de demi kilogramme, *compris l'enveloppe.*

Les papiers et ficelles employés à envelopper des paquets de chandelles, ne pourront excéder le poids de trois à quatre décagrammes.

L'enveloppe des paquets de bougie ne pourra peser plus de quinze grammes, à peine de saisie et de confiscation, conformément aux dispositions de la sentence de police, portant réglement pour la bougie, du 13 avril, 1736.

V. Néanmoins, et dès à présent, le consommateur aura le droit de faire peser la chandelle et la bougie qui lui seront livrées par le marchand.

VI. Tout marchand, fabricant ou détaillant

de chandelles et de bougies, est tenu d'avoir dans sa boutique des balances et une série des poids établis par la loi, duement vérifiés et poinçonnés.

VII. Les moules de chandelles établis conformément à l'article 1.er ne pourront être fabriqués que sur des modèles-matrices revêtus de la marque du fondeur-fabricant, et du poinçon légal.

VIII. A compter du 1.er mars prochain, les moules de chandelles et les matrices qui ne seraient pas établis dans les proportions voulues par l'article 1.er de la présente Ordonnance, seront saisis et confisqués, comme fausses mesures, aux termes de l'article 11 de la loi du 1.er vendémiaire an IV.

IX. Les contraventions seront constatées par des procès-verbaux, qui nous seront adressés.

Les contrevenans seront poursuivis devant les tribunaux, conformément aux lois et réglemens.

X. La présente Ordonnance, sera imprimée, *publiée* et affichée.

Les sous-préfets des arrondissemens de S.-Denis et de Sceaux, les maires et adjoints des communes rurales du ressort de la Police de Paris, les commissaires de police, et les inspecteurs des poids et mesures sont chargés de tenir la main à son exécution.

Le Directeur-général,
Signé, D'ANDRÉ.
Par Son Excellence :
Le Secrétaire-général, signé, SAULNIER.

ORDONNANCE

Concernant la vérification annuelle des Poids et Mesures.

Paris, le 16 décembre 1814.

Voyez pour cette Ordonnance, *tome VIII, page 391.*

Nota. Les Poids et Mesures porteront pour l'année 1815, la lettre *N.*

GLACES ET NEIGES.

Paris, le 8 janvier 1815.

Voyez pour cette Ordonnance, *tome VIII, page 5*.

ORDONNANCE

Concernant les amphithéâtres d'anatomie et de chirurgie.

Paris, le 11 janvier 1815.

NOUS, DIRECTEUR-GÉNÉRAL DE LA POLICE DU ROYAUME,

Considérant qu'il importe de renouveler les dispositions de l'Ordonnance de Police du 15 octobre 1813, *concernant les amphithéâtres d'anatomie et de chirurgie*, et d'y apporter quelques changemens reconnus nécessaires;

En vertu des articles 2 et 13 de l'Arrêté du Gouvernement du 12 messidor an VIII ;

ORDONNONS ce qui suit :

ART. I.er Il est défendu d'ouvrir dans Paris, aucun amphithéâtre particulier, soit pour professer l'anatomie ou la médecine opératoire, soit pour faire disséquer ou *manœuvrer* sur le cadâvre, les opérations chirurgicales.

II. Il est également défendu de disséquer et de *manœuvrer*, les opérations sur le cadâvre dans les hôpitaux, hospices, maisons de santé, infirmeries, maisons de détention, etc.

III. Les dissections et exercices sur l'anatomie et la chirurgie ne pourront être faits que dans les pavillons de la faculté de médecine et dans l'amphithéâtre établi près de l'hôpital de la pitié.

IV. Les corps de toutes les personnes décédées dans les hospices de la Pitié et de la Salpêtrière, demeurent affectés aux dissections qui pourront avoir lieu dans l'amphithéâtre de l'hôpital de la Pitié. Il sera pris en outre, pour cet amphithéâtre, jusqu'à concurrence de cent cadâvres dans l'hôpital des Enfans, s'il y a lieu.

Les corps de toutes les *autres* personnes décédées soit dans l'hôpital des Enfans, soit dans les différens hôpitaux, hospices, prisons, etc, même ceux qui auraient été ouverts, seront délivrés sur les bons du doyen de la Faculté de Médecine et transportés dans les pavillons de la Faculté.

Sont exceptés les corps des personnes décédées dans les trois Cliniques de la Faculté et de celles dont les parens réclameraient les corps pour les faire enterrer à leurs frais.

V. Les cadâvres ne pourront être enlevés que *vingt-quatre* heures après le décès.

VI. Il ne pourra être pris aucun cadâvre dans les cimetières.

VII. Les débris des cadâvres seront portés soigneusement au cimetière de Clamart, pour y être enterrés.

VIII. Il est enjoint à ceux qui sont chargés d'enlever les cadâvres pour les transporter, soit aux amphithéâtres ci-dessus désignés, soit au cimetière, d'observer la décence convenable.

IX. Les cadâvres seront portés dans les amphithéâtres, dans des voitures couvertes, et *pendant la nuit*.

X. Les contraventions seront constatées par des procès-verbaux qui nous seront adressés.

XI. Il sera pris envers les contrevenans telles mesures de *police administrative* qu'il appartiendra, sans préjudice des poursuites à exercer contr'eux devant les tribunaux, conformément aux lois et aux réglemens de police.

XII. La présente Ordonnance sera imprimée.

Ampliation en sera adressée à LL. EE. les ministres de la guerre et de l'intérieur, à S. E. le grand maître de l'Université, à M. le préfet du département de la Seine, au conseil-général d'administration des hospices civils de Paris, à la commission exécutive de l'administration des hospices, au doyen de la faculté de médecine, et à chacun des chirurgiens de service près des hospices ou hôpitaux.

Les commissaires de police, l'inspecteur-général de police, les officiers de paix, l'inspecteur-général de la salubrité et les préposés de la police, sont chargés de tenir la main à son exécution.

Le Directeur-général de la Police du Royaume,
Signé, D'ANDRÉ.

Par Son Excellence :
Le Secrétaire-général, signé, SAULNIER.

ORDONNANCE

Concernant le remblai pour l'exhaussement du terrain près la levée de l'aqueduc, (entre les faubourgs S.-Denis et S.-Martin.)

Paris, le 17 Janvier 1815.

LE DIRECTEUR-GÉNÉRAL DE LA POLICE DU ROYAUME,

Vû : 1.° la demande du sieur Denoel, inspecteur-ordinaire des ponts et chaussées sur la nécessité d'ouvrir une décharge de gravois pour l'exhaussement de l'aqueduc de ceintre du canal de l'Ourcq, entre les faubourgs S.-Denis et S.-Martin;

2.° Le rapport de l'inspecteur-général de la salubrité;

ORDONNONS ce qui suit:

ART. I.er Les gravois provenans des déblais ou démolitions dans les quartiers des portes S.-Denis et S.-Martin, Bonne-Nouvelle, S.-Martin-des-Champs, des faubourgs Poissonnière, et S.-Denis, seront transportés aux endroits ci-après indiqués, savoir:

1.° A l'aqueduc du canal de l'Ourcq, derrière le mur de la ville; (faubourg S.-Martin.)

2.° Dans la rue du Chaudron, au pied de la levée qui la traverse;

3.° Dans un petit terrain en friche à la rencontre de l'aqueduc avec la ruelle S.-Lazare; (faubourg S.-Denis.)

II. Les décharges publiques ou particulières autres que celles autorisées par l'article précédent, qui seraient ouvertes maintenant dans les quartiers sus-indiqués, sont et demeurent provisoirement fermées.

III. Les gravatiers occupés dans les quartiers ci-dessus, dont les voitures chargées prendraient une direction contraire à ce qui est prescrit par l'article 1.er, seront arrêtés et conduits au Département de la Police, leurs chevaux seront mis en fourrière.

IV. La présente Ordonnance sera imprimée et affichée.

Les commissaires de police, l'inspecteur-général de Police, les officiers de paix, l'inspecteur-général de la salubrité et les préposés de la Police sont chargés d'en surveiller l'exécution.

Le Directeur-général de la Police du Royaume,
Signé, D'ANDRÉ.

Par Son Excellen :

Le Secrétaire-général, signé, SAULNIER.

ORDONNANCE

Concernant des mesures d'ordre à observer à l'occasion de la translation des dépouilles mortelles du Roi Louis XVI, et de la Reine, à S.-Denis.

Paris, le 19 janvier 1815.

NOUS, DIRECTEUR-GÉNÉRAL DE LA POLICE DU ROYAUME,

Vû la lettre de M. le marquis de Dreux Brézé, grand maître des cérémonies de France, par laquelle S. Ex. nous informe que la translation des dépouilles mortelles du Roi Louis XVI et de la Reine, sa femme, aura lieu le 21 janvier présent mois, à sept heures du matin;

ORDONNONS ce qui suit:

ART. I.er Vendredi prochain 20 janvier, à 2 heures de l'après-midi, il sera fait un balayage extraordinaire;

Dans la rue d'Anjou S.-Honoré ;

Dans la rue du faubourg S.-Honoré, à partir de la place Beauveau jusqu'en face de la rue Royale ;

Sur la chaussée des boulevarts du nord, depuis la rue Royale jusqu'à la porte Saint-Denis ;

Et dans la rue du faubourg S.-Denis, depuis la porte S.-Denis jusqu'à la barrière.

Au besoin, les glaces et neiges seront cassées, relevées et mises en tas.

Les habitans seront tenus de faire effectuer ce travail, chacun en ce qui le concerne, au-devant de leurs maisons, murs, jardins et terrasses.

II. L'inspecteur-général du nétoyement fera procéder dans la soirée, à l'enlèvement des boues, glaces et neiges qui pourront se trouver sur cette partie de la voie publique.

III. A compter de l'heure fixée pour le balayage extraordinaire et pendant la journée du lendemain 21 janvier, il est défendu de déposer aucunes ordures et de jeter ou laisser couler aucunes eaux ménagères sur les parties de la voie publique désignées par l'article premier.

IV. Le samedi 21 janvier à compter de six heures du matin, les habitans des rues, places et boulevarts désignés par le même article, feront disparaître les caisses ou autres objets exposés sur leurs croisées.

V. Le même jour, à compter de la même heure jusqu'après le départ du cortège, aucune voiture étrangère à la cérémonie, (celles des princes du sang et des ministres étrangers exceptées) ne pourra circuler ni stationner dans la rue du faubourg S.-Honoré depuis la rue de la Pépinière jusqu'à la rue Royale ;

Dans la rue de la Pépinière, depuis la rue du faubourg S.-Honoré, jusqu'à celle Sainte-Croix ;

Dans les rues Sainte-Croix, Thiroux et Caumartin, depuis la rue de la Pépinière jusqu'au boulevart, et dans toutes les parties de la voie publique comprises dans cette enceinte ;

Aucune voiture ne pourra également circuler

ni stationner à compter de six heures du matin, jusqu'après le retour du cortège, sur les boulevarts du nord, depuis la rue Royale jusqu'à la porte S.-Denis;

Dans la rue du faubourg S.-Denis, depuis la porte S.-Denis jusqu'à la barrière;

Et sur la route de Paris à S.-Denis, depuis la barrière jusqu'à S.-Denis.

VI. La grande route de Paris à S.-Denis est exclusivement réservée pour le cortège, pour les voitures des princes et celles des ambassadeurs et ministres étrangers.

En conséquence, les personnes étrangères à la cérémonie ne pourront sortir de Paris, en voiture, par la barrière S.-Denis.

Elles pourront arriver dans cette commune par le chemin de la Révolte ou par Aubervilliers.

VII. Les personnes qui voudront se rendre de S.-Denis à Paris, en voitures, ne pourront également suivre la grande route.

Elles pourront arriver à Paris par le chemin de la Révolte ou par Aubervilliers.

VIII. Le sous-préfet de l'arrondissement

de S.-Denis et le maire de S.-Denis feront les dispositions nécessaires pour le stationnement des voitures dans cette commune, en se concertant avec les officiers de police qui seront sur les lieux.

IX. Il est défendu aux personnes à cheval ou à pied de traverser le cortège.

X. Il est défendu de construire ou faire construire aucunes estrades ou établissemens de ce genre, et de placer sur la voie publique des bancs ou des chaises.

Tous ces objets seront détruits ou enlevés.

XI. L'inspecteur-général de la salubrité fera déblayer, avant huit heures du matin, toutes les avenues de la métropole.

XII. La circulation des voitures, autres que celles des personnes qui se rendront à la métropole, sera interdite dans les rues de la Juiverie, de la Lanterne et du Marché-Palu, depuis neuf heures du matin, jusqu'à la fin de la cérémonie.

XIII. Les voitures des personnes qui se

rendront à la métropole, seront mises en stationnement sur les quais qui bordent la Cité.

XIV. L'inspecteur-général de la police est autorité à prendre toutes les mesures qui pourraient être nécessaires pour le maintien de l'ordre et de la sûreté publique. Il se concertera avec les commandans de la force armée.

XV. Il sera pris envers les contrevenans telles mesures de police administrative qu'il appartiendra, sans préjudice des poursuites à exercer contr'eux devant les tribunaux.

XVI. La présente Ordonnance sera imprimée, *publiée* et affichée.

Le sous-préfet de l'arrondissement de S.-Denis, les maires des communes de S.-Denis, de Clichy, d'Aubervilliers et de S.-Ouen, l'inspecteur-général de la police, les commissaires de police, les officiers de paix, l'architecte-commissaire de la petite voirie et l'inspecteur-général de la salubrité, sont chargés, chacun en ce qui le concerne, de tenir la main à son exécution.

Le Directeur-général de la Police du Royaume,
Signé, D'ANDRÉ.

Par Son Excellence :

Le Secrétaire-général, signé, SAULNIER.

ORDONNANCE

Concernant les cochers des voitures de louage.

Paris, le 27 janvier 1815.

NOUS, DIRECTEUR-GÉNÉRAL DE LA POLICE DU ROYAUME,

Vû les articles 2, 22 et 32, de l'Arrêté du Gouvernement du 12 messidor an VIII, et l'article 1.er de celui du 3 brumaire an IX.

ORDONNONS ce qui suit :

ART. I.er Tout cocher ou conducteur d'une voiture de louage, doit être inscrit au

Département de la Police de Paris, et y avoir obtenu un livret.

II. Les livrets délivrés en vertu de l'Ordonnance de Police du 4 mai 1813, *concernant les fiacres et les cabriolets de place dans l'intérieur de Paris*, et autres Réglemens antérieurs, seront renouvelés.

Les cochers seront tenus de se pourvoir d'un nouveau livret et d'une médaille, avant le 1.er mars prochain.

III. Les propriétaires loueurs qui conduisent une de leurs voitures sont également tenus de se pourvoir d'une médaille.

IV. Les médailles leur seront délivrées au Département de la Police de Paris ; elles seront en cuivre pour les cochers ; elles pourront être en argent ou argentées pour les loueurs.

Chaque médaille portera les noms et les prénoms de celui qui l'aura obtenue, avec la légende, *cocher de carrosse de place*, ou *cocher de cabriolet de place*.

Il y aura en outre sur celle du cocher, le

n.° de son livret, et sur celle des loueurs le mot *propriétaire*.

V. A compter du 1.er mars prochain, les cochers auxquels il n'aura pas été accordé de nouveaux livrets et une médaille, ne pourront continuer leur état.

VI. Il est défendu aux cochers de prêter leur médaille à qui que ce soit, sous peine d'être privés irrévocablement de leur médaille et de leur livret.

Les loueurs qui prêteront leur médaille, seront privés du n.° de leurs voitures.

VII. Les livrets qui seront délivrés aux cochers, désigneront l'espèce de voiture qu'ils pourront conduire.

Il est défendu : 1.° aux cochers de voitures à quatre roues de conduire des cabriolets ; 2.° aux cochers de cabriolets de conduire des voitures à quatre roues.

VIII. Aucun livret ne sera délivré, si le cocher n'est âgé, au moins de 18 ans, et s'il n'est porteur d'une carte de sûreté ou d'un permis de séjour.

IX. Les livrets délivrés aux cochers et con-

ducteurs des voitures de place, resteront en dépôt au Département de la Police, jusqu'à ce que les cochers ou conducteurs aient trouvé à ce placer.

X. Lorsqu'un cocher ou conducteur aura quitté le service d'un loueur, son livret restera déposé au Département de la Police jusqu'à ce qu'il ait trouvé du service chez un autre loueur.

XI. En échange des livrets déposés en exécution des deux articles précédens, il sera délivré aux cochers ou conducteurs un bulletin de dépôt.

Ce bulletin sera rapporté, dans le jour, par le loueur chez lequel les cochers ou conducteurs auront pris du service.

XII. Les livrets ne seront remis qu'aux loueurs au service desquels entreront les cochers ou conducteurs.

Les loueurs retiendront les livrets entre leurs mains.

XIII. Tout cocher ou conducteur conduisant une voiture, doit être muni : 1.° du livret de maître contenant le numéro, le permis de stationnement et la présente Ordonnance ; 2.° de son permis de séjour, s'il n'est pas domicilié à Paris. Il portera sa médaille sur la poitrine attachée à la boutonnière de son habit d'une manière assez ostensible, pour que les personnes qui l'emploieront, puissent en prendre facilement connaissance.

XIV. Aucun cocher ne peut quitter le service d'un loueur, sans l'avoir prévenu cinq jours d'avance.

Le loueur sera tenu d'en faire mention sur le livret du cocher.

XV. Les loueurs ne peuvent être forcés à recevoir plus d'un congé le même jour.

XVI. Tout conducteur ou cocher en quittant le service d'un loueur, lors même que le loueur lui aurait refusé un congé d'acquit, est tenu de lui remettre le livret du maître contenant le permis de stationnement de la voiture qu'il était chargé de conduire.

XVII. Toute coalition tendante à imposer des conditions aux loueurs, est défendue aux cochers, sous les peines de droit.

XVIII. Tout apprenti devra être muni d'une permission délivrée par Nous.

Cette permission ne lui sera donnée que sur le certificat de son maître.

XIX. Les apprentis ne pourront jamais conduire *seuls*.

XX. Les apprentis ne devront point monter sur le siège pendant la nuit.

XXI. Tout cocher ou conducteur est tenu de représenter le livret contenant le numéro, le permis de stationnement et la présente Ordonnance, à toute réquisition des préposés de la police et de l'administration des droits-réunis, ainsi que des personnes qui auront fait usage de sa voiture.

XXII. Les loueurs, cochers et conducteurs sont tenus, lorsqu'ils changeront de domicile, d'en faire, *au moins huit jour d'avance*, leur déclaration au Département de la Police de Paris.

XXIII. Les contraventions à la présente Ordonnance seront constatées par procès-verbaux des commissaires de police, des officiers de paix et des préposés de la police.

XXIV. Il sera pris envers les contrevenans, les mesures de police autorisées par les lois, sans préjudice des poursuites à exercer contr'eux devant les tribunaux.

XXV. La présente Ordonnance sera imprimée et affichée.

Les commissaires de police, l'inspecteur-général de police, les officiers de paix, et les préposés du Département de la Police de Paris sont chargés d'en assurer l'exécution.

Le Directeur-général de la Police du Royaume,
Signé, D'ANDRÉ.

Par Son Excellence :

Le Secrétaire-général, signé, SAULNIER.

ORDONNANCE
DU ROI

Que rectifie l'article 27 du décret du 23 juin 1806, concernant le poids des voitures et la police du roulage, et renouvelle, en tant que de besoin, les dispositions des lois, décrets et réglemens relatifs aux voitures publiques.

Au château des Tuileries, le 24 décembre 1814.

LOUIS, par la grâce de Dieu, ROI DE FRANCE ET DE NAVARRE,

A tous ceux qui les présentes verront, salut :

Vû les articles 5, 6, 7 et 27 du décret du 23 juin 1806, concernant le poids des voitures et la police du roulage ;

Considérant que, d'après l'article 7, il est accordé cent kilogrammes de tolérance sur le poids fixé par l'article 6, des voitures publiques, diligences, messageries, fourgons, allant en poste ou avec relais et berlines;

Qu'aux termes de l'article 5, la tolérance de deux cents et de trois cents kilogrammes n'est accordée que sur le poids des voitures de roulage, telles que les charrettes et chariots;

Considérant que le silence de l'article 7 du décret précité relativement aux voitures publiques et messageries tendrait à laisser impunies les contraventions desdites voitures, lorsque leur chargement excède, outre le poids fixé par l'article 6, la tolérance de cent kilogrammes accordée par l'article suivant;

Considérant que toute extension à ce sujet serait non-seulement contraire à l'esprit de la loi, mais encore qu'il en résulterait un préjudice incalculable pour la viabilité des routes, et un danger pour la sûreté des voyageurs;

Notre conseil d'état entendu;

Nous avons ordonné et ordonnons ce qui suit:

ART. I.er L'article 17 du décret du 23

juin 1806, concernant le poids des voitures et la police du roulage, est rectifié, en ce sens que les contraventions des voitures publiques, diligences, messageries, fourgons et berlines, seront punies des peines portées audit article, à partir d'un excédant de cent kilogrammes sur les chargemens fixés par l'article 6 dudit décret.

II. Sont et demeurent renouvelées, en tant que de besoin, les dispositions des lois, décrets et réglemens relatifs aux voitures publiques, et notamment la défense contenue en l'article 6 du décret du 28 août 1808, d'admettre dans lesdites voitures un plus grand nombre de voyageurs que celui énoncé dans les déclarations, et d'en placer aucun sur l'impériale; ladite défense comprenant même le conducteur, qui ne peut, à cet égard, prétendre aucun droit d'exception : le tout sous les peines portées auxdites lois, décrets et réglemens, et aux anciennes ordonnances.

III. Notre ministre secrétaire d'état au département de l'intérieur est chargé de l'exécution de la présente, qui sera insérée au bulletin des lois.

Donné au château des Tuileries, le 24 décembre de l'an de grâce 1814, et de notre règne le vingtième.

Signé, LOUIS.

Par le Roi :

Le Ministre Secrétaire d'État de l'Intérieur,

Signé, L'Abbé DE MONTESQUIOU.

Pour copie conforme :

Le Secrétaire-général de la Direction-générale de la Police du Royaume,

Signé, FORTIS.

ORDONNANCE
DE POLICE

Concernant le poids des voitures, la police du roulage et les conducteurs de diligences.

Paris, le 28 janvier 1815.

NOUS, DIRECTEUR-GÉNÉRAL DE LA POLICE DU ROYAUME,

Vû l'Ordonnance du Roi du 24 décembre 1814, *qui rectifie l'article 17 du décret du 23 juin 1806, concernant le poids des voitures et la police du roulage ;*

ORDONNONS ce qui suit :

ART. I.er L'Ordonnance du Roi du 24 décembre 1814, sera publiée et affichée avec la présente Ordonnance.

II. Les contraventions seront constatées dans les communes rurales, par les maires, et, à Paris par lés commissaires de police, les officiers de paix, les préposés au service des ponts à bascule et les autres préposés de l'administration ; les procès-verbaux nous en seront adressés.

III. La présente Ordonnance sera notifiée aux propriétaires ou entrepreneurs de messageries, de diligences et autres voitures publiques, par les maires, dans les communes rurales du ressort de la police de Paris, et par les commissaires de police, à Paris. Cette notification sera constatée par des procès-verbaux qui nous seront adressés.

IV. Les sous-préfets des arrondissemens de S.-Denis et de Sceaux, les maires des communes rurales du ressort de la police de Paris, les commissaires de police, l'inspecteur-général de police, les officiers de paix, et les préposés aux ponts à bascule sont chargés de tenir la main à son exécution.

Le Directeur-général de la Police du Royaume,
Signé, D'ANDRÉ.

Par Son Excellence :

Le Secrétaire-général, *signé*, FORTIS.

ORDONNANCE

Concernant les masques pendant le carnaval.

Paris, le 28 janvier 1815.

Voyez pour cette Ordonnance, *tome IX*, *page* 38.

ARRÊTÉ

Sur le numérotage des cabriolets.

Paris, le 4 février 1815.

NOUS, DIRECTEUR-GÉNÉRAL DE LA POLICE DU ROYAUME,

Vû l'article V, de notre Ordonnance du 24 novembre 1814, concernant les cabriolets,

ARRÊTONS ce qui suit :

ART. I.er Les numéros des cabriolets sous remise seront en chiffres arabes blancs de 81 millimètres (3 pouces) de hauteur, et de 9 millimètres (4 lignes) de plein sur un écusson fond noir broyé au vernis gras.

A cet effet, les cabriolets sous remise seront appelés chaque jour, successivement, par ordre de numéros, suivant leur inscription portée sur l'ancien registre de l'administration.

II. Les loueurs serons tenus de représenter les cabriolets déjà enregistrés, et, s'ils les ont vendus, de justifier qu'ils ont fait la déclaration de la vente, voulue par l'article VIII de l'Ordonnance précitée, ou des motifs qui les en auraient empêchés.

III. Il sera ouvert un nouveau registre d'inscription, et délivré de nouveaux numéros pour les cabriolets loués sous remise, au fur et à mesure qu'ils seront représentés.

IV. Le numérotage sera fait aux frais des loueurs, par le peintre de l'administration de la police, et à son bureau situé *quai des Orfèvres.*

Il devra être exécuté en trois jours. L'écusson sera peint le premier jour et les numéros trois jours après : faute par le propriétaire d'un cabriolet, de le représenter le troisième jour, il ne sera plus admis au numérotage qu'après une nouvelle déclaration.

V. La feuille de *marquage*, semblable à celle des voitures de louage, et portant le signalement du cabriolet, sera certifiée par le peintre, pour être remise à la 3.e division.

VI. Il sera payé soixante-quinze centimes par chaque écusson numéroté, ou deux francs vingt-cinq centimes pour les trois écussons.

Le peintre ne pourra rien exiger en sus de ce prix, sous quelque prétexte que ce soit; il est personnellement responsable de toute négligence dans le numérotage.

VII. Les conducteurs de cabriolets sous remise seront tenus d'avoir un livret à l'instar des cochers de remise; ils seront dispensés de porter la médaille des conducteurs de cabriolets de louage.

VIII. Les loueurs devront tenir un *registre-journal* des cabriolets confiés aux conducteurs, pour y avoir recours au cas de plainte, contestation ou contravention.

Ce registre sera visé une fois par trimestre, par le commissaire de police du quartier.

IX. Expédition du présent Arrêté sera envoyée aux commissaires de police et aux officiers de paix de l'attribution des voitures, qui sont chargés d'en assurer l'exécution, et de nous en rendre compte.

Ampliation en sera adressée au peintre de l'administration de la police.

Le Directeur-général de la Police du Royaume,
Signé, D'ANDRÉ.

Par Son Excellence :

Le Secrétaire-général, signé, FORTIS.

ORDONNANCE

Qui interdit le passage des voitures de roulage, sur le chemin de Halage qui conduit de Neuilly à Puteaux.

Paris, le 18 février 1815.

NOUS, DIRECTEUR-GÉNÉRAL DE LA POLICE DU ROYAUME,

Vû : 1.° la lettre de M. le Préfet du Département de la Seine, par laquelle il nous annonce que la Chaussée du chemin de halage de Neuilly à S.-Cloud, n'étant construite qu'en cailloutis, dont les matériaux n'ont pas assez de consistance pour résister au fardeau des voitures de roulage, il serait indispensable, pour la conservation de cette chaussée, d'en interdire le passage aux voitures de roulage, et de les obliger à suivre comme autrefois les traverses de Suresnes et de Puteaux qui sont pavées et en état de les supporter;

2.° Le rapport de l'architecte-commissaire de la petite voirie;

3.° Et celui de l'inspecteur-général de la navigation et des ports;

Ordonnons ce qui suit:

Art. I.er Le passage des voitures de roulage sur le chemin de halage qui conduit de Neuilly à Puteaux, est interdit.

II. Les voitures de roulage venant du côté de Courbevoie, suivront la route pavée, dite rue de Neuilly, la place de la Croix, la rue des Bourettes et celle de la Barre, et continueront leur route sur le chemin de halage.

Celles venant du côté de Suresnes, suivront la même route, en commençant par la rue de la Barre.

III. La présente Ordonnance sera imprimée et affichée.

Les maires des communes de Courbevoie, Puteaux et Suresnes, l'inspecteur-général de police, les officiers de paix et l'inspecteur-général de la navigation et des ports sont chargés de tenir la main à son exécution.

Le Directeur-général,
Signé, D'ANDRÉ.

Par Son Excellence :

Le Secrétaire-général, *signé*, FORTIS.

ORDONNANCE DU ROI

Concernant des mesures pour prévenir la contagion des maladies épizootiques.

Paris, le 17 février 1815.

LOUIS, par la grâce de Dieu, ROI DE FRANCE ET DE NAVARRE,

A tous ceux qui ces présentes verront, salut :

Sur le rapport qui nous a été fait par notre ministre secrétaire-d'état de l'intérieur, de l'épizootie désastreuse qui enlève journellement un grand nombre de bœufs et de vaches, et qui paraît avoir été apportée dans plusieurs parties du Royaume par les animaux amenés à la suite des armées étrangères ;

Touché des pertes qui en résultent pour nos sujets, nous nous sommes fait rendre compte des efforts de l'administration dans cette circonstance, et nous avons eu la satisfaction de reconnaître que rien n'avait été négligé pour arrêter les progrès de ce fléau;

Voulant completer les mesures prises précédemment, et donner à nos sujets propriétaires et cultivateurs des preuves de notre vive sollicitude, en prévenant, autant qu'il est en nous, les suites funestes de l'épizootie, et en procurant des indemnités à ceux qui auraient éprouvé des dommages par l'exécution des dispositions rigoureuses que commande l'intérêt général de l'état,

Nous avons ordonné et ordonnons ce qui suit :

Art. I.er Dans tous les lieux où a pénétré l'épizootie et dans ceux où elle pénétrera par la suite, les préfets continueront de faire exécuter strictement les dispositions des arrêts des 10 avril 1714, 24 mars 1745, 19 juillet 1746, 18 décembre 1774, 30 janvier 1775 et 16 juillet 1784, et de l'arrêté du directoire exécutif du 27 messidor an 5, concernant les épizooties.

II. Sur la demande des autorités administratives, les gardes nationales, la gendarmerie, les gardes champêtres, et au besoin les troupes de ligne, seront employés pour assurer l'exécution des dispositions rappelées et indiquées dans le précédent article, et notamment pour former des cordons et empêcher la communication des animaux suspects avec les animaux sains.

III. Dans les départemens où la maladie n'a pas encore pénétré, les préfets ordonneront la visite des étables aussi souvent qu'ils le jugeront utile; ils exerceront une surveillance active, et feront les dispositions nécessaires pour que l'on puisse exécuter sur-le-champ, et par-tout où besoin sera, toutes les mesures propres à arrêter les progrès de l'épizootie, si elle venait à se manifester.

IV. A la première apparition des symptômes de contagion dans une commune, il y sera envoyé des vétérinaires chargés de visiter les Bestiaux et de reconnaître ceux qui doivent être abattus, aux termes des réglemens cités en l'article 1.er L'abattage aura lieu sans délai, sur l'ordre des maires ou des commissaires délégués par les préfets.

V. Il sera dressé des procès verbaux à l'effet de constater le nombre, l'espèce et la valeur des animaux qui ont été, ou qui seront abattus pour arrêter les progrès de la contagion. Les extraits de ces procès-verbaux seront transmis par les préfets à notre directeur-général de l'agriculture et du commerce, qui fera établir l'état des indemnités auxquelles les propriétaires de ces animaux auront droit, d'après les bases déterminées par les arrêts du conseil des 18 octobre 1774 et 30 janvier 1775.

VI. Nos ministres secrétaires-d'état de l'intérieur et des finances se concerteront pour nous soumettre un projet de loi sur les moyens de pourvoir à ces indemnités. Ce projet sera présenté aux chambres à leur prochaine session.

VII. Ils nous proposeront ultérieurement les mesures propres à assurer, en tout temps, des ressources suffisantes pour indemniser les propriétaires de bestiaux des pertes qu'ils éprouveront, soit par l'effet direct des épizooties contagieuses, soit par l'exécution des dispositions prescrites pour en arrêter les progrès.

VIII. Nos ministres secrétaires-d'état de l'intérieur, des finances et de la guerre sont chargés, chacun en ce qui le concerne, de l'exécution de la présente Ordonnance.

Donné en notre château des Tuileries, le 27 janvier de l'an de grâce 1815, et de notre règne le vingtième.

Signé, LOUIS.

Par le Roi :

Le Ministre Secrétaire-d'État de l'Intérieur,
Signé, L'Abbé DE MONTESQUIOU.

Pour copie conforme :

Le Secrétaire-général de la Direction-générale de la Police du Royaume,
Signé, FORTIS.

ORDONNANCE DE POLICE.

Paris, le 18 février 1815.

NOUS, DIRECTEUR-GÉNÉRAL DE LA POLICE DU ROYAUME,

Vû l'Ordonnance du Roi, en date du 27 janvier dernier, *contenant des mesures pour prévenir la contagion des maladies épizootiques ;*

ORDONNONS ce qui suit :

ART. I.er L'Ordonnance du Roi, du 27 janvier dernier, concernant l'épizootie, sera imprimée et affichée par-tout le royaume.

II. Les préfets et sous-préfets, les maires et adjoints, et les commissaires de police sont chargés de tenir la main à son exécution.

Le Directeur-général de la Police du Royaume,
Signé, D'ANDRÉ.
Par Son Excellence :
Le Secrétaire-général, signé, FORTIS.

ORDONNANCE
DU ROI

Contenant réglement sur les Manufactures, Établissemens et Atteliers qui répandent une odeur insalubre ou incommode.

Au château des Tuileries, le 14 janvier 1815.

LOUIS, par la grâce de Dieu, ROI DE FRANCE ET DE NAVARRE,

A tous ceux qui ces présentes verront, salut :

Sur le rapport de notre ministre secrétaire d'état de l'intérieur ;

Vû le décret du 15 octobre 1810, qui divise en trois classes les établissemens insalubres ou incommodes dont la formation ne peut avoir lieu qu'en vertu d'une permission de l'autorité administrative,

Le tableau des établissemens qui y est annexé,

L'état supplémentaire arrêté par le ministre de l'intérieur le 22 novembre 1811,

Les demandes adressées par plusieurs préfets, à l'effet de savoir si les permissions nécessaires pour la formation des établissemens compris dans la troisième classe, seront délivrées par les sous-préfets ou par les maires;

Notre conseil d'état entendu,

Nous avons ordonné et ordonnons ce qui suit :

Art. I.er A compter de ce jour, la nomenclature jointe à la présente ordonnance servira seule de règle pour la formation des établissemens répandant une odeur insalubre ou incommode.

II. Le procès-verbal d'information *de commodo et incommodo*, exigé par l'article 7 du décret du 15 octobre 1810 pour la formation des établissemens compris dans la seconde classe de la nomenclature, sera pareillement exigible, en outre de l'affiche de demande, pour la formation de ceux compris dans la première classe.

Il n'est rien innové aux autres dispositions de ce décret.

III. Les permissions nécessaires pour la formation des établissemens compris dans la troisième classe seront délivrées dans les départemens, conformément aux articles 2 et 8 du décret du 15 octobre 1810, par les sous-préfets, après avoir pris préalablement l'avis des maires et de la police locale.

IV. Les attributions données aux préfets et aux sous préfets par le décret du 15 octobre 1810, relativement à la formation des établissemens répandant une odeur insalubre ou incommode, seront exercées par notre directeur-général de la police dans toute l'étendue du département de la Seine, et dans les communes de S.-Cloud, de Meudon et de Sèvres du département de Seine-et-Oise.

V. Les préfets sont autorisés à faire suspendre la formation ou l'exercice des établissemens nouveaux qui, n'ayant pu être compris dans la nomenclature précitée, seraient cependant de nature à y être placés. Ils pourront accorder l'autorisation d'établissement pour tous ceux qu'ils jugeront devoir appartenir aux deux dernières classes de la nomenclature, en remplissant les formalités prescrites par le décret du 15 octobre 1810, sauf, dans les deux cas, à rendre compte à notre directeur-général des manufactures et du commerce.

VI. Notre ministre secrétaire-d'état de l'intérieur est chargé de l'exécution de la présente ordonnance, qui sera insérée au bulletin des lois.

Donné à Paris, au château des Tuileries, le 14 janvier de l'an de grace 1815, et de notre règne le vingtième.

Signé, LOUIS.

Par le Roi :

Le Ministre Secrétaire-d'État de l'Intérieur,

Signé, L'Abbé DE MONTESQUIOU.

Pour copie conforme :

Le Secrétaire-général de la Direction-générale de la Police du Royaume,

Signé, FORTIS.

NOMENCLATURE.

NOMENCLATURE

Des Manufactures, Établissemens et Atteliers répandant une odeur insalubre ou incommode, dont la formation ne pourra avoir lieu sans une permission de l'Autorité administrative.

PREMIÈRE CLASSE.

Établissemens et Atteliers qui ne pourront plus être formés dans le voisinage des habitations particulières, et pour la création desquels il sera nécessaire de se pourvoir d'une autorisation de Sa Majesté, accordée en Conseil d'État.

Acide nitrique (eau forte) (fabrication de l').

Acide pyroligneux (fabrique d') lorsque les gaz se répandent dans l'air sans être brûlés.

Acide sulfurique (fabrication de l').

Affinage de métaux au fourneau à manche,

au fourneau à coupelle, ou au fourneau à réverbère.

Amidonniers.

Artificiers.

Bleu de Prusse (fabriques de), lorsqu'on n'y brûlera pas la fumée et le gaz hydrogène sulfuré.

Boyaudiers.

Cendre gravelée (fabriques de), lorsqu'on laisse répandre la fumée au dehors.

Cendres d'orfèvre (traitement des) par le plomb.

Chanvre (rouissage du) en grand par son séjour dans l'eau.

Charbon de terre (épurage du) à vases ouverts.

Chaux (fours à) permanens.

Indépendamment des formalités prescrites par le décret du 15 octobre 1810, la formation des établissemens de ce genre ne pourra avoir lieu qu'après que les agens forestiers en résidence sur les lieux auront donné leur avis sur la question de savoir si la reproduction des bois dans le canton, et les besoins des communes environnantes, permettent d'accorder la permission.

Colle-forte (fabriques de).

Corde à instrumens (fabriques de).

Cretonniers.

Cuirs vernis (fabriques de).

Écarrissage.

Échaudoirs.

Encre d'imprimerie (fabriques d').

Fourneaux (hauts).

Les établissemens de ce genre ne seront autorisés qu'autant que les entrepreneurs auront rempli les formalités prescrites par la loi du 21 avril 1810 et par les instructions du ministre de l'intérieur.

Glaces (fabriques de).

Indépendamment des formalités prescrites par le décret du 15 octobre 1810, la formation des fabriques de ce genre ne pourra avoir lieu qu'après que les agens forestiers en résidence sur les lieux auront donné leur avis sur la question de savoir si la reproduction des bois dans le canton, et les besoins des communes environnantes, permettent d'accorder la permission.

Goudron (fabrication du).

Huile de pied de bœuf (fabriques d').

Huile de poisson (fabriques d').

Huile de térébenthine et huile d'aspic (distilleries en grand d').

Huile rousse (fabriques d').

Litharge (fabrication de la).

Massicot (fabriques de).

Ménageries.

Minium (fabrication du).

Noir d'ivoire et noir d'os (fabriques de), lorsqu'on n'y brûle pas la fumée.

Orseille (fabrication de l').

Plâtre (fours à) permanens.

Indépendamment des formalités prescrites par le décret du 15 octobre 1810, la formation des fabriques de ce genre ne pourra avoir lieu qu'après que les agens forestiers en résidence sur les lieux auront donné leur avis sur la question de savoir si la reproduction des bois dans le canton, et les besoins des communes environnantes, permettent d'accorder la permission.

Pompes à feu ne brûlant pas la fumée.
Porcheries.
Poudrette.
Rouge de Prusse (fabrique de) à vases ouverts.
Sel ammoniac (ou muriate d'ammoniac) (fabrication du) par le moyen de la distillation des matières animales.
Soufre (distillation du).
Suif brun (fabrication du).
Suif en branche (fonderie du) à feu nu.
Suif d'os (fabrication du).
Sulfate d'ammoniac (fabrication du) par le moyen de la distillation des matières animales.
Sulfate de cuivre (fabrication du) au moyen du soufre et du grillage.
Sulfate de soude (fabrication du) à vases ouverts.
Sulfures métalliques (grillage des) en plein air.
Tabac (combustion des côtes du) en plein air.
Taffetas cirés (fabriques de).
Taffetas et toiles vernis (fabrication des).
Tourbe (carbonisation de la) à vases ouverts.
Tripiers.

Tueries, dans les villes dont la population excède dix milles ames.

Vernis (fabriques de).

Verres, cristaux en émaux (fabriques de).

Indépendamment des formalités prescrites par le décret du 15 octobre 1810, la formation des fabriques de ce genre ne pourra avoir lieu qu'après que les agens forestiers en résidence sur les lieux auront donné leur avis sur la question de savoir si la reproduction des bois dans le canton, et les besoins des communes environnantes, permettent d'accorder la permission.

DEUXIÈME CLASSE.

Établissemens des Atteliers dont l'éloignement des habitations n'est pas rigoureusement nécessaire, mais dont il importe néanmoins de ne permettre la formation qu'après avoir acquis la certitude que les opérations qu'on y pratique seront exécutées de manière à ne pas incommoder les propriétaires du voisinage, ni à leur causer des dommages.

Pour former ces établissemens, l'autorisation

du préfet sera nécessaire, sauf, en cas de difficulté, ou en cas d'opposition de la part des voisins, les recours à notre conseil d'état.

Acier (fabrique d').

Acide muriatique (fabrication de l') à vases clos.

Acide muriatique oxigène (fabrication de l').

Acide pyroligneux (fabriques d'), lorsque les gaz sont brûlés.

Atteliers à enfumer les lards.

Blanc de plomb ou de céruse (fabriques de).

Bleu de Prusse (fabriques de), lorsqu'elles brûlent leur fumée et le gaz hydrogène sulfure, etc.

Cartonnier.

Cendres d'orfèvre (traitement des) par le mercure et la distillation des amalgames.

Cendres gravelées (fabrication des), lorsqu'on brûle la fumée, etc.

Chamoiseurs.

Chandeliers.

Chapeaux (fabriques de).

Charbon de bois fait à vases clos.

Charbon de terre épuré, lorsqu'on travaille à vases clos.
Châtaignes (dessication et conservation des).
Chiffonniers.
Cire à cacheter (fabriques de).
Corroyeurs.
Couverturiers.
Cuirs verts (dépôts de).
Cuivre (fonte et laminage de).
Eau-de-vie (distilleries d').
Faïence (fabriques de).
Fondeurs en grand au fourneau à réverbère.
Galons et tissus d'or et d'argent (brûleries en grand des).
Genièvre (distilleries de) à vases clos.
Goudron (fabriques de) à vases clos.
Hareng (saurage du).
Hongroyeurs.
Huiles (épuration des) au moyen de l'acide sulfurique.
Indigoteries.
Liqueurs (fabrication des).
Maroquiniers.
Mégissiers.

Noir de fumée (fabrication du).

Noir d'ivoire et noir d'os (fabrication des), lorsqu'on brûle la fumée.

Or et argent (affinage de l') au moyen du départ et du fourneau à vent.

Os (blanchiment des) pour les éventaillistes et les boutonniers.

Papiers (fabriques de).

Parcheminiers.

Pipes à fumer (fabrication des).

Plomb (fonte du), et laminage de ce métal.

Poéliers-Fournalistes.

Porcelaine (fabrication de la).

Potiers de terre.

Rouge de Prusse (fabrique de) à vases clos.

Salaisons (dépôt de).

Sel ou muriate d'étain (fabrication du).

Sucre (raffinerie de).

Suif (fonderies de) au bain-marie ou à la vapeur.

Sulfate de soude (fabrication du) à vases clos.

Sulfates de fer et de zing (fabrication des), lorsqu'on forme ces sels de toutes pièces avec l'acide sulfurique et les substances métalliques.

Sulfures métalliques (grillage de) dans les appareils propres à retirer le soufre ou à utiliser l'acide sulfureux qui se dégage.

Tabac (fabriques de).

Tabatières en carton (fabrication des).

Tanneries.

Toiles (blanchiment des) par l'acide muriatique oxigéné.

Tourbe (carbonisation de la) à vases clos.

Tuileries et briqueteries.

TROISIÈME CLASSE.

Établissemens et Atteliers qui peuvent rester sans inconvénient auprès des habitations particulières, et pour la formation desquels il sera néanmoins nécessaire de se munir d'une permission, aux termes des articl. 2 et 8 du décret du 15 octobre 1810 et de l'art. 3 de la présente Ordonnance.

Acétate de plomb (sel de saturne) (fabrication de l').

Batteurs d'or et d'argent.

Blanc d'Espagne (fabriques de).

Bois dorés (brûleries des).

Boutons métalliques (fabrication des).

Borax (raffinage du).

Brasseries.

Briqueteries ne faisant qu'une seule fournée en plein air, comme on le fait en Flandre.

Buanderies.

Camphre (préparation et raffinage du).

Caractères d'imprimerie (fonderies de).

Cendres (laveurs de).

Cendres bleues et autres précipités du cuivre (fabrication des).

Chaux (fours à) ne travaillant pas plus d'un mois par année.

Ciriers.

Colle de parchemin et d'amidon (fabriques de).

Corne (travail de la) pour la réduire en feuilles.

Cristaux de soude (fabriques de) (sous-carbonate de soude cristallisé).

Doreurs sur métaux.

Eau seconde (fabrication de l') des peintres en bâtimens, alcalis caustiques et dissolution.

Encre à écrire (fabriques d').

Essayeurs.

Fer-blanc (fabriques de).

Feuilles d'étain (fabrication des).

Fondeurs au creuset.

Fromages (dépôt de).

Glaces (étamage des).

Laques (fabrication des).

Moulins à huile.

Ocre jaune (calcination de l') pour la convertir en ocre rouge.

Papiers peints et papiers marbrés (fabriques de).

Plâtre (four à) ne travaillant pas plus d'un mois par année.

Plombiers et fontainiers.

Plomb de chasse (fabrication du).

Potasse (fabriques de).

Potiers d'étain.

Sabots (atteliers à enfumer les).

Salpêtre (fabrication et raffinage du).

Savonneries.

Sel de soude sec (fabrication du) (sous-carbonate de soude sec).

Sel (raffineries de).

Soude (fabrication de la), ou décomposition du sulfate de soude.

Sulfate de cuivre (fabrication du) au moyen de l'acide sulfurique et de l'oxide de cuivre, ou du carbonate de cuivre.

Sulfate de potasse (raffinage du).

Sulfates de fer et d'alumine. Extraction de ces sels, des matériaux qui les contiennent tout formés, et transformation du sulfate d'alumine en alun.

Tartre (raffinage du).

Teinturiers.

Teinturiers-dégraisseurs.

Tuieries, dans les communes dont la population est au-dessous de dix milles habitans.

Vacheries, dans les villes dont la population excède cinq milles habitans.

Ver-de-gris et verdet (fabrication du).

Viandes (salaison et préparation des).

Vinaigre (fabrication du).

L'accomplissement des formalités établies

par le décret du 15 octobre 1810 et par notre présente ordonnance, ne dispense pas de celles qui sont prescrites pour la formation des établissemens qui seront placés dans le rayon des douanes, ou sur une rivière, qu'elle soit navigable ou non : les réglemens à ce sujet continueront à être en vigueur.

Pour copie conforme :

Le Ministre Secrétaire-d'État de l'Intérieur,
Signé, L'Abbé DE MONTESQUIOU.

ORDONNANCE
DE POLICE

Concernant les Manufactures, Établissemens et Ateliers qui répandent une odeur insalubre ou incommode.

Paris, le 20 février 1815.

NOUS, DIRECTEUR-GÉNÉRAL DE LA POLICE DU ROYAUME,

Vû les articles 2 et 23 de l'Arrêté du

Gouvernement du 12 messidor an VIII, et l'article 1.er de celui du 3 brumaire an IX,

Le décret du 15 octobre 1810, *relatif aux Manufactures et Atteliers qui répandent une odeur insalubre ou incommode*,

Et l'Ordonnance de Police du 5 novembre suivant, approuvée par S. Ex. le ministre de l'intérieur le 17 du même mois,

ORDONNONS ce qui suit :

ART. I.er L'Ordonnance du Roi du 14 janvier dernier, *contenant réglement sur les Manufactures, Établissemens et Atteliers qui répandent une odeur insalubre ou incommode*, ensemble le tableau y annexé, seront imprimés et affichés avec la présente Ordonnance, dans le ressort de la Police de Paris.

II. L'Ordonnance de Police du 5 novembre 1810, continuera de recevoir son exécution, en ce qui n'est pas contraire aux dispositions de l'Ordonnance du Roi.

III. Les sous-préfets des arrondissemens de S.-Denis et de Sceaux, les maires des communes rurales du ressort de la police de Paris, les commissaires de police, l'inspecteur-général de la police de Paris, les officiers de paix, l'architecte-commissaire de la petite voirie, l'inspecteur-général des boissons, le commissaire-inspecteur-général des halles et marchés, et l'inspecteur-général de la salubrité sont chargés de tenir la main à l'exécution de la présente Ordonnance.

Le Directeur-général de la Police du Royaume,
Signé, D'ANDRÉ.

Par Son Excellence:

Le Secrétaire-général, signé, FORTIS.

ORDONNANCE

Concernant l'exhaussement du sol du plateau intérieur de l'Observatoire.

Paris, le 27 février 1815.

NOUS, DIRECTEUR-GÉNÉRAL DE LA POLICE DU ROYAUME,

Vû 1.° La demande du S.r Vaudoyer,

architecte de l'Observatoire, sur la nécessité d'ouvrir une décharge de gravois pour l'exhaussement du sol du plateau intérieur de cet établissement, et d'employer à cet effet les gravois des déblais ou démolitions dans le quartier de l'Observatoire;

2.° L'Ordonnance de Police du 2 septembre dernier, qui affecte les gravois dont il s'agit au remblai du terrain de l'abattoir situé au-delà du boulevart de l'Hôpital;

Considérant que les travaux relatifs à l'exhaussement du sol du plateau de l'Observatoire, sont commandés par des motifs d'utilité publique;

ORDONNONS ce qui suit :

ART. I.er Les gravois provenant des déblais ou démolitions dans le quartier de l'Observatoire, seront transportés sur le sol du plateau intérieur de l'Observatoire;

En conséquence l'Ordonnance de Police du 2 septembre dernier, concernant le remblai du terrain de l'Abattoir, situé au-delà du boulevart, cessera d'être exécutée en ce qui concerne les gravois dont il s'agit, mais seulement pendant le temps que dureront les travaux relatifs à l'exhaussement du sol du plateau de l'Observatoire.

II. Les gravatiers occupés dans le quartier de l'Observatoire, dont les voitures chargées prendraient une direction contraire à ce qui est prescrit par l'article précédent, seront arrêtés et conduits au Département de la Police ; leurs chevaux seront mis en fourrière.

III. La présente Ordonnance sera imprimée et affichée.

Les commissaires de police, l'inspecteur-général de la Police, les officiers de paix, l'inspecteur-général de la salubrité et les préposés de la Police sont chargés d'en surveiller l'exécution.

Le Directeur-général,
Signé, D'ANDRÉ.

Par Son Excellence :

Le Secrétaire-général, *signé*, FORTIS.

ORDONNANCE
DU ROI

Portant réglement sur l'exercice de la profession de Boulanger dans la ville de Paris et sa banlieue.

Au château des Tuileries, le 4 février 1815.

LOUIS, par la grâce de Dieu, ROI DE FRANCE ET DE NAVARRE,

A tous ceux qui ces présentes verront, salut :

Étant informé que, dans notre bonne ville de Paris et sa banlieue, la profession de boulanger est exercée par des individus *non patentés*, qui, *par leur existence et leur responsabilité*, n'offrent pas à la surveillance de l'autorité administrative, ni à la confiance des consommateurs, les garanties qu'il importe d'exiger de la part des boulangers ;

Conformément aux dispositions de nos ordonnances antérieures concernant l'exercice de la profession de boulanger dans plusieurs grandes villes de notre royaume ;

Sur le rapport de notre ministre secrétaire d'état de l'intérieur ;

Notre conseil d'état entendu,

Nous avons ordonné et ordonnons ce qui suit :

ART. I.er Les boulangers munis de permission ont seuls le droit de vendre du pain dans notre bonne ville de Paris et sa banlieue.

II. La vente du pain ne peut avoir lieu qu'en boutique et sur les marchés affectés à cette destination.

III. Les marchés continueront à être approvisionnés comme par le passé, conformément aux réglemens et ordonnances de police.

IV. Il est défendu, sous peine de confiscation, de vendre du pain au regrat, en quelque lieu que ce soit, et d'en former de dépôts.

En conséquence, les traiteurs, aubergistes, cabaretiers et tous autres qui font métier de donner à manger, ne peuvent tenir chez eux d'autre pain que celui nécessaire à leur propre consommation et à celle de leurs hôtes.

V. En cas de contravention aux articles précédens, le pain sera saisi et vendu : le prix provenant de la vente du pain saisi sera déposé, sous la réserve des droits de qui il appartiendra.

VI. Les contraventions à notre présente ordonnance seront poursuivies et réprimées par le tribunal de police municipale, qui pourra prononcer l'impression et l'affiche du jugement aux frais des contrevenans.

VII. Notre amé et féal chevalier, chancelier de France, le sieur *Dambray*, et notre ministre secrétaire d'état de l'intérieur, chacun en ce qui le concerne, sont chargés de l'exécution de la présente ordonnance, qui sera insérée au Bulletin des Lois.

Donné en notre château des Tuileries, le

4 février de l'an de grâce mil huit cent quinze, et de notre règne le vingtième.

Signé, LOUIS.

Par le Roi :

Le Ministre Secrétaire-d'État de l'Intérieur,
Signé, L'Abbé DE MONTESQUIOU.

Pour copie conforme :

Le Secrétaire-général de la Direction-générale de la Police du Royaume,
Signé, FORTIS.

ORDONNANCE DE POLICE.

Paris, *le* 28 *février* 1815.

NOUS, DIRECTEUR-GÉNÉRAL DE LA POLICE DU ROYAUME,

Vû l'Ordonnance du Roi, du 4 février 1815, portant *réglement sur l'exercice de la profession de Boulanger dans la ville de Paris et sa banlieue;*

Vû aussi les articles 32 et 33 de l'Arrêté du Gouvernement du 12 messidor an VIII;

Et l'article 1.er de celui du 3 brumaire an IX;

ORDONNONS ce qui suit:

ART. I.er L'Ordonnance du Roi, du 4 février 1815, portant *réglement sur l'exercice de la profession de boulanger dans la ville de Paris et sa banlieue*, sera imprimée et affichée avec la présente.

II. Les contraventions aux dispositions de cette Ordonnance seront constatées par des procès-verbaux qui nous seront adressés.

III. Il sera pris envers les contrevenans telles mesures de *police administrative* qu'il appartiendra, sans préjudice des poursuites à exercer contr'eux devant les tribunaux, conformément aux lois et réglemens.

IV. Les sous-préfets des arrondissemens de S.-Denis et de Sceaux, les maires des communes rurales du ressort de la Police de Paris, les commissaires de police, l'inspecteur-général de la police, les officiers de paix, le commissaire-inspecteur-général des halles et marchés, le contrôleur de la halle aux grains et farines sont chargés de tenir la main à l'exécution de la présente.

Le Directeur-général de la Police du Royaume,
Signé, D'ANDRÉ.

Par Son Excellence :

Le Secrétaire-général, signé, FORTIS.

ORDONNANCE

Concernant la vente de la viande à la halle de Paris par les bouchers-forains.

Paris, le 28 février 1815.

NOUS, DIRECTEUR-GÉNÉRAL DE LA POLICE DU ROYAUME,

Considérant que jusqu'à présent les vingt-cinq places affectées aux bouchers-forains dans la halle à la viande de Paris, ont été occupées presque constamment par les mêmes bouchers ; qu'il en résulte que les bouchers qui occupent ces places, jouissent d'une sorte de privilège qui a excité de justes réclamations ; qu'en effet tous les bouchers-forains ont un droit égal à approvisionner la halle, et qu'en les y admettant à tour de rôle, la concurrence n'en sera pas moins établie dans l'intérêt des consommateurs ;

Vû les articles 2, 21 et 33 de l'Arrêté du Gouvernement du 12 messidor an VIII, l'article 1.er de celui du 3 brumaire an IX, et l'article 19 de l'Arrêté du 8 vendémiaire an XI ;

Ordonnons ce qui suit :

Art. I.er Les vingt-cinq places affectées aux bouchers-forains sur le carreau de la halle de Paris, sont conservées.

II. Les bouchers-forains seront appelés à approvisionner la halle *à tour de rôle*, tous les mois.

III. Les bouchers-forains qui voudront approvisionner la halle, seront tenus, dans le délai du 20 mars prochain, d'en faire la déclaration au commissaire-inspecteur-général des halles et marchés, à son bureau, soit à Paris, soit sur les marchés de Sceaux et de Poissy.

Ceux qui, après le délai fixé n'auront point fait leur déclaration, seront considérés comme ne voulant point approvisionner la halle.

IV. Les bouchers-forains qui seront admis à approvisionner la halle, seront désignés par le sort et proportionnellement par canton de justice de paix.

V. Tout boucher-forain qui, sans cause légitime, manquera à son tour à approvisionner la halle, en sera exclus.

VI. Les bouchers qui manqueront à leur tour à approvisionner la halle, seront remplacés par des bouchers pris parmi ceux qui se trouveront dans le même canton de justice de paix.

VII. Le remplacement ne préjudiciera point à l'ordre du tour de rôle.

VIII. Les bouchers-forains seront tenus

d'occuper leurs places par eux-mêmes, leurs femmes ou leurs enfans âgés au moins de seize ans, conformément à l'article 13 de l'Ordonnance de Police du 26 mars 1811.

IX. Il leur est enjoint d'amener leurs viandes dans des voitures couvertes.

X. Ils apporteront leurs viandes coupées, c'est-à-dire, les bœuf en demi-quartiers, les veaux et moutons en quartiers.

XI. En arrivant à la halle, les bouchers-forains représenteront aux préposés, la quittance du droit d'octroi par eux payé.

XII. Si la quittance énonce des quantités de viande plus ou moins considérables que celles apportées, le boucher sera exclus de la halle.

XIII. Les bouchers-forains ne pourront amener de la viande à la halle, que *les mercredis et samedis*, et ils seront tenus de s'y conduire directement.

XIV. Les contraventions seront constatées par des procès-verbaux, qui nous seront adressés.

XV. Il sera pris envers les contrevenans aux

dispositions ci-dessus, telles mesures de *police administrative* qu'il appartiendra, sans préjudice des poursuites à exercer contr'eux devant les tribunaux conformément aux lois et aux réglemens.

XVI. La présente Ordonnance sera imprimée et affichée.

Ampliation en sera transmise à la direction de l'octroi.

Les sous-préfets des arrondissemens de Saint-Denis et de Sceaux, les maires des communes rurales, les commissaires de police, le commissaire-inspecteur-général des halles et marchés, et les préposés de la police sont chargés de tenir la main à son exécution.

Le Directeur-général de la Police du Royaume,
Signé, D'ANDRÉ.

Par Son Excellence :

Le Secrétaire-général, signé, FORTIS.

A MM. les Commissaires de Police.

Par les rapports de votre surveillance ; Messieurs, pour l'exécution de la loi du 18 novembre dernier, relative à la célébration des Fêtes et Dimanches, j'ai reconnu qu'il s'était élevé quelques incertitudes sur l'application des dispositions de cette loi, tant pour les cas de contravention que pour ceux d'exception.

Pour une plus grande unité d'action dans votre surveillance, je crois utile de résoudre ici les principales questions qui m'ont été soumises, par des inductions tirées tant de la loi même que des jugemens qui ont déjà été prononcés, en différens cas, par le tribunal de police.

On a demandé ;

Si les dimanches et fêtes, on pouvait étaler et vendre, portes fermées ?

L'affirmative n'est pas douteuse, la vente et l'étalage sont permis, *ais et volets fermés ;*

et il n'y a contravention que quand l'une ou l'autre a lieu ais et volets ouverts.

En laissant libres les étalages *ais et volets fermés*, il est bien clair que ces étalages ne sont plus apparens, et c'est-là l'essentiel. Beaucoup de marchands ont des étalages intérieurs qui ne peuvent se retirer même de nuit; mais du moment que la fermeture des ais et volets empêche qu'ils ne soient aperçus à l'extérieur, le vœu de la loi est rempli, et il n'y a pas contravention.

De même il n'y a pas contravention si, par nécessité d'avoir du jour, de l'air, ou pour les besoins intérieurs, on ouvre des ais et volets; mais, dans ce cas, il ne doit être aperçu de dehors aucun étalage intérieur.

Par la même conséquence, on peut ouvrir les volets de la porte, et même tenir la porte ouverte; mais il ne doit pas exister d'étalage derrière les vitres.

Si les marchands de comestibles peuvent avoir des étalages extérieurs?

Nullement. Ils ont la faculté de tenir leurs ais et volets ouverts, ce qui comporte la faculté d'avoir leurs étalages à l'*intérieur seulement.*

Si les bouchers et charcutiers peuvent avoir étalages extérieurs ?

Nullement. Les marchands de comestibles en général ne peuvent avoir leurs étalages qu'à l'*intérieur.*

Dans quelle catégorie précisément se trouvent les traiteurs et rôtisseurs ?

Naturellement dans celle des autres marchands de comestibles.

Si les épiciers peuvent avoir les ais et volets ouverts ?

Oui, puisqu'ils sont marchands de comestibles, mais toujours sans étalages extérieurs.

Si les marchands d'eau-de-vie peuvent avoir la même faculté ?

Ils sont naturellement dans la classe des marchands de comestibles.

Si les marchands d'eau de cologne peuvent avoir les ais et les volets ouverts ?

Nullement, cette composition ne pouvant se ranger parmi les objets de première nécessité.

Si l'étalage mobile et le colportage sont défendus ?

L'étalage, mobile ou non, ainsi que le colportage, sont textuellement défendus, la loi n'a point fait de distinction.

Si l'étalage mobile et le colportage sont défendus pour les comestibles ?

Non pour les fruits, menues pâtisseries, et petites sucreries ; mais il est bon de se rappeler que l'étalage et le colportage de la viande et de la volaille n'étant permis en aucun temps, le sont encore moins, à plus forte raison, les dimanches et fêtes.

Si les boutiques des perruquiers et coiffeurs peuvent rester ouvertes ?

Nul doute ; les dimanches et fêtes sont même plus spécialement les jours de travaux pour les perruquiers et les coiffeurs ; l'ouverture de leur boutique, ces jours-là, est de l'*usage local* le plus reconnu. Il y a, toutefois, une distinction à faire entre l'état, proprement dit, et le commerce qu'on peut y joindre. Si les perruquiers et coiffeurs peuvent exercer leur état, ais et volets ouverts, c'est à quoi se réduit l'usage local, et ils ne doivent, du reste, laisser en évidence derrière les vîtres de leurs boutiques, ni bustes ou attributs, ni marchandises à vendre.

S'il y a contravention lorsqu'une boutique est fermée, et que cependant on entend travailler dans l'intérieur?

Non, du moment que tout est fermé, la loi n'exigeant rien de plus.

Si la défense de travailler s'applique aux maréchaux-ferrans?

Non, toutes les fois que le travail est d'*urgence*, comme ferremens de chevaux, réparation de voiture par suite d'accident subit.

Si la circulation doit être interdite aux tonneaux des porteurs d'eau?

Nullement. L'eau étant la chose la plus nécessaire à la vie.

On doit même en déduire la conséquence que les transports de bierre par les brasseurs doivent être tolérés.

Si les grainetiers peuvent avoir leurs ais et volets ouverts?

Oui, attendu qu'ils vendent des objets de première nécessité et des comestibles.

Ce qui devait se pratiquer à l'égard des taillandiers ?

Les ouvriers, très-généralement, n'ayant que le dimanche pour faire réparer leurs outils, ils est nécessaire de tolérer l'ouverture des boutique de taillandiers le matin jusqu'à neuf heures; c'est ce qui constitue encore un usage local.

Si les débitans de tabacs pouvaient avoir leurs ais et volets ouverts ?

Nul doute, puisque le besoin de tabac est de tous les instans; mais si les débitans joignent à leur débit une autre partie de commerce quelconque, comme tableterie, mercerie, papeterie, etc., ils doivent en retirer tous les étalages.

Ce qui devait se pratiquer à l'égard des bureaux de loterie ?

Les opérations de cette partie ne pouvant être interrompues, les ais et volets des bureaux peuvent rester ouverts; cette tolérance rentre dans les usages locaux.

Si l'on devait laisser exposer en étalages sur la voie publique des oiseaux dans des cages ?

Le marché d'oiseaux qui est établi de temps immémorial à l'angle du Pont-au-Change et du quai de la Féraille, ainsi que celui qui a toujours eu lieu au marché S.-Germain, doivent subsister ; c'est encore un usage local. Partout ailleurs, ce genre de commerce doit être interdit les dimanches et les fêtes.

A quelle heure pouvaient paraître sur les places, les jeux, curiosités, saltimbanques et chanteurs ?

Jamais avant midi.

Ces questions, Messieurs, sont les seules importantes que l'expérience ait donné occasion de faire depuis l'émission de la loi. Les solutions que la loi elle-même et la jurisprudence du tribunal ont paru suggérer, pouvant dissiper toute incertitude pour l'avenir, il en résultera nécessairement une salutaire uniformité de principes dans l'action de votre surveillance et dans vos opérations. Il ne me reste, Messieurs, qu'à vous recommander zèle le plus soutenu à faire exécuter la loi avec toute la ponctualité convenable.

ORDONNANCE

Concernant la prohibition de la Chasse

Paris, le 1.er mars 1815.

NOUS, DIRECTEUR-GÉNÉRAL DE LA POLICE DU ROYAUME,

Vû la loi du 30 avril 1790;

ORDONNONS ce qui suit:

ART. I.er L'exercice de la Chasse sur les terres non clôses, même en jachères, est défendu à toute personne dans le ressort du Département de la Police de Paris, à compter de ce jour, 1.er mars, sous les peines prononcées par les lois.

II. Les propriétaires ou fermiers étant aux droits des propriétaires, pourront chasser ou faire chasser, sans chiens courans, dans leurs bois ou forêts, pourvu qu'ils soient porteurs d'un permis de port d'armes.

III. Les contraventions seront constatées par des procès-verbaux, qui nous seront adressés.

IV. Les contrevenans seront poursuivis devant les tribunaux conformément aux lois.

V. La présente Ordonnance sera imprimée et affichée.

Les sous-préfets des arrondissemens de Saint-Denis et de Sceaux, les maires et adjoints des communes rurales du ressort de la police de Paris, les commissaires de police, les officiers de paix et les gardes-champêtres, sont chargés d'en assurer l'exécution.

Le Directeur-général de la Police du Royaume,
Signé, D'ANDRÉ.

Par Son Excellence :

Le Secrétaire-général, signé, FORTIS.

ORDONNANCE

Concernant le percement, le curage, la réparation et l'entretien des Puits.

Paris, le 8 mars 1815.

NOUS, DIRECTEUR-GÉNÉRAL DE LA POLICE DU ROYAUME,

Vû les Réglemens de Police des 18 novembre 1701, et 4 septembre 1716, les ordonnances des 20 janvier, 3 décembre 1727, 13 mai 1734 et 15 novembre 1781;

Vû les Arrêtés du Gouvernement du 12 messidor an VIII et 3 brumaire an IX;

ORDONNONS ce qui suit:

§ I.er

Percement de Puits.

ART. I.er Aucun puits ne sera percé, aucune opération d'approfondissement, de sondage de réparation et autres ne seront entreprises dans

Paris, sans une déclaration au Département de la Police.

L'entrepreneur y désignera l'endroit où on a le projet de faire les travaux.

II. Dans un mois, à compter de la publication de la présente Ordonnance, les entrepreneurs, perceurs, cureurs, sondeurs et autres ouvriers travaillant à des puits, dans le département de la Seine, seront tenus de se faire inscrire à l'Administration de la Police de Paris.

III. En exécution de la loi du 22 germinal an XI, les ouvriers sondeurs de puits seront tenus d'avoir des livrets.

Les cureurs seront pourvus d'une médaille qui leur sera délivrée au Département de la Police.

IV. Il est enjoint à tous entrepreneurs de puits de ne se servir que d'ouvriers porteurs de livrets.

V. Dans un mois, à compter de la publication de la présente Ordonnance, les puits, quel que soit leur genre de construction, seront entourés de mardelle en maçonnerie ou avec des barres de fer.

A défaut de mardelle, les puits situés dans les marais seront défendus par une enceinte formée par un mur en maçonnerie ou en terre, d'un mètre de hauteur, à un mètre au moins de distance du puits.

Le tout à peine de l'amende déterminée par les règlemens des 18 novembre 1701 et 5 décembre 1717, maintenus par l'article 484 du code pénal.

§ II.

Curage.

VI. Il est défendu d'employer au curage d'un puits, des ouvriers qui n'auraient pas de médaille.

VII. Les cureurs ne pourront descendre dans les puits, pour quelque cause que ce soit, sans être ceints d'un bridage dont l'extrémité sera tenue par un ouvrier placé à l'extérieur.

VIII. Les puits abandonnés ou qui sans

être abandonnés, pourraient être soupçonnés de méphitisme, ne seront curés qu'après l'instruction annexée à la présente Ordonnance.

On prendra les mêmes précautions lorsque les travaux auront été suspendus pendant vingt-quatres heures.

IX. Si nonobstant les précautions indiquées par l'instruction, un ouvrier était frappé du plomb, les travaux seront suspendus.

Il est enjoint aux propriétaires, locataires et entrepreneurs d'en faire, sur-le-champ, la déclaration, à Paris, au commissaire de police, et, au maire, dans les communes rurales.

X. Lorsqu'un puits sera reconnu méphitisé, il sera par nous statué si les eaux peuvent être coulées dans le ruisseau sans danger, ou s'il est important, pour la salubrité, de les faire transporter à la voirie de Montfaucon; dans ce dernier cas, l'opération ne pourra être faite que par des ouvriers vidangeurs, et dans des tinettes hermétiquement fermées.

§ III.

Réparation.

XI. Les maçons appelés pour travailler à la réparation ou à la reconstruction d'un puits dont l'eau aura été trouvée corrompue, ne pourront y travailler qu'avec les précautions ci-après.

XII. Tout maçon chargé de la réparation d'un puits, sera tenu tant que durera l'extraction des pierres des parties à réparer, d'avoir à l'extérieur du puits autant d'ouvriers qu'il en emploiera dans l'intérieur.

XIII. Chaque ouvrier travaillant à l'extraction des pierres d'un puits à réparer, sera ceint d'un bridage dont l'attache sera tenue par un ouvrier placé à l'extérieur.

XIV. Si des ouvriers maçons sont frappés du plomb, pendant la démolition ou réparation d'un puits, les travaux seront suspendus, et déclaration en sera faite, dans le jour, à Paris, au commissaire de police, et, au maire, dans les communes rurales.

La démolition ou réparation ne pourra en être reprise qu'avec les précautions qui seront prescrites par l'autorité locale, sur l'avis des gens de l'art.

§ IV.

Entretien.

XV. Il est enjoint aux propriétaires ou principaux locataires des maisons où il y a des puits de les entretenir en état de service et garnis de cordes, poulies et sceaux, ou d'avoir soin que les pompes ou autres machines hydrauliques qui y seraient établies, soient constamment maintenues en bon état, de manière qu'on puisse s'en servir en cas d'incendie, sous les peines portées par les Ordonnances de Police des 20 janvier 1727, 15 mai 1734 et 15 novembre 1781.

§ V.

Dispositions générales.

XVI. Les entrepreneurs sont responsables

des contraventions aux dispositions de la présente Ordonnance.

XVII. Les ouvriers qui trouveraient dans les puits, soit des objets qui pourraient faire soupçonner un délit, soit des effets quelconques, en feront la déclaration chez un commissaire de police, à Paris, et, au maire, dans les communes rurales.

Il leur sera donné une récompense s'il y a lieu.

XVIII. Les contraventions seront constatées par des procès-verbaux qui nous seront adressés.

XIX. Il sera pris envers les contrevenans telles mesures de *police administrative* qu'il appartiendra, sans préjudice des poursuites à exercer contr'eux, devant les tribunaux.

XX. La présente Ordonnance sera imprimée et affichée.

Les sous-préfets des arrondissemens de S.-Denis et de Sceaux, les maires des communes rurales du ressort du Département de la Police, les commissaires de police, l'inspecteur-général de police, l'inspecteur-général des carrières, les officiers de paix, l'architecte-commissaire de la petite voirie, l'inspecteur-général de la salubrité et les préposés au Département de la Police sont chargés, chacun en ce qui le concerne, de tenir la main à son exécution.

Le Directeur-général de la Police du Royaume,
Signé, D'ANDRÉ.
Par Son Excellence :
Le Secrétaire-général, signé, FORTIS.

Instruction relative au curage et à la réparation des Puits.

Lorsqu'il est nécessaire de curer un puits ou d'y descendre pour y faire quelques réparations ; le premier soin que l'on doit avoir, est de s'assurer de l'état de l'air qu'il renferme. Cet air peut être vicié par différentes causes, et donner lieu à des accidens très-graves. Il faut donc commencer par descendre une lanterne allumée jusqu'à la surface de l'eau. Si elle ne s'éteint pas, on la retire, et par le moyen d'un poids attaché à une corde on agite fortement l'eau jusqu'à son fond; on redescend la lumière; si, à cette seconde épreuve, la lumière ne s'éteint pas, les ouvriers peuvent commencer leurs travaux, en se munissant, par précaution, d'un petit appareil désinfectant de Guyton-Morveau: il est important que les ouvriers soient revêtus d'un bridage.

Si la lumière s'éteint, on remarquera la profondeur à laquelle elle cesse de brûler. On ne descendra point dans le puits, parce qu'on y serait asphixié. Le gaz ou air méphitique qui ne permet ni la combustion, ni la respiration, peut être du *gaz azote*, *du gaz acide carbonique*, *du gaz oxide de carbone*, *de l'hydrogène sulphuré*. Dans l'incertitude où l'on est sur sa nature, il faut, quel qu'il soit, renouveler l'air du puits, et pour cela, le moyen le plus prompt et le plus certain est un ventilateur.

Pour l'établir, il faut avec des planches, du plâtre et de la glaise, boucher hermétiquement

quement l'ouverture du puits. Au milieu de cette espèce de couvercle, pratiquer un trou d'un décimètre environ de large, sur lequel on placera un fourneau ou réchaud de terre, qui ne pourra recevoir d'air que celui du puits. On ajoutera près la mardelle un tuyau de plomb ou ferblanc qui descendra dans le puits, jusqu'à un décimètre de la surface de l'eau. Cet appareil une fois établi, on remplira le fourneau de braise ou de charbon allumé, et on le couvrira d'un dôme de terre cuite ou de tôle, surmonté d'un bout de tuyau de poële, afin de donner au fourneau la propriété d'attirer beaucoup d'air. Quand le fourneau a été en activité pendant une heure ou deux, suivant la profondeur du puits, on l'enlève, et l'on descend dans le puits la lanterne. Si elle s'éteint encore à peu de distance de la surface de l'eau, c'est que le gaz méphytique s'y renouvelle.

Alors il faut mettre le puits à sec, attendre quelques jours, l'épuiser de nouveau, et recommencer l'application du fourneau ventilateur, ou si l'on ne peut établir cet appareil, y substituer un ou deux forts soufflets de forge, que l'on adaptera au tuyau prolongé jusqu'à la surface de l'eau. Ces soufflets mis en action pendant un quart d'heure ou deux déplaceront l'air vicié du puits. Enfin, on redescendra la lanterne, et si elle s'éteint, il faut renoncer à l'usage du puits, et le condamner.

Si par un essai préliminaire, fait par un homme de l'art, on a reconnu la nature du gaz délétère que l'on veut détruire, on peut employer les réactifs suivans.

Pour neutraliser l'*acide carbonique*, on verse dans le puits, avec des arrosoirs, plusieurs sceaux de lait de chaux, et l'on agite ensuite l'eau fortement.

Pour détruire le *gaz hydrogène sulfuré ou carboné*, on fait descendre au font du puits, par le moyen d'une corde, un vase ouvert, contenant un mélange de manganèze et de muriate de soude arrosé d'acide sulfurique. Mais lorsque le gaz est de l'*azote*, il faut avoir recours au fourneau-ventilateur ou au soufflet, et en vérifier l'effet par l'épreuve de la lanterne allumée.

Les Membres composant le Conseil de Salubrité près le Département de la Police de Paris.

Signé, DEYEUX, C. L. CADET DE GASSICOURT, J. J. LEROUX, HUZARD, DUPUYTREN, PARISET, PETIT, DARCET.

Pour copie conforme :

Le Secrétaire-général-adjoint,
Signé, PIIS.

ORDONNANCE

Concernant des mesures de police relatives à la séance de la Chambre des Députés, du 16 mars, où S. M. se rendra.

Paris, le 15 mars 1815.

NOUS, Conseiller d'État, Préfet de Police du département de la Seine et des communes de S.-Cloud, Sèvres et Meudon du département de Seine et Oise ;

Vû la lettre de M. le marquis de Dreux-Brezé, grand maître des cérémonies de France, par laquelle S. Ex. annonce que S. M. se rendra demain au Corps-Législatif, à trois heures ;

ORDONNONS ce qui suit :

ART. I.er Le jeudi 16 mars, jour où le Roi se rendra au palais de la Chambre des Députés, la circulation et le stationnement des voitures, autres que celles des autorités ou des personnes invitées, seront interdits, à compter de une heure après midi, jusqu'après le retour de S. M. au palais des Tuileries,

Sur les quais de la rive droite de la Seine, depuis la rue du Petit-Bourbon jusques et compris le quai de la Conférence,

Sur les quais de la rive gauche, depuis le Pont-Neuf jusqu'à l'esplanade des Invalides,

Dans la rue de Bourgogne,

Dans la rue de l'Université, depuis l'avenue de Labourdonnais jusqu'à la rue du Bac,

Dans la rue du Bac, depuis celle de l'Université jusqu'au Pont-Royal.

Sur le Pont-Royal, sur la place Louis XV, et sur celle du Carrousel.

II. Les voitures des autorités ou des personnes qui se rendront des quartiers de la Seine au palais de la Chambre des Députés, arriveront aux cours de ce palais, par les rues du Bac et de l'Université.

Celles des personnes qni se rendront des quartiers de la rive droite, arriveront par le Pont-Neuf et suivront les quais depuis la rue Dauphine jusqu'à la rue du Bac, pour aller au palais de la Chambre des Députés par les rues du Bac et de l'Université.

Le quai d'Orsai est exclusivement réservé pour le passage des voitures de S. M. et de la Cour.

III. Les personnes invitées qui se rendront en voitures au palais de la Chambre des Députés, ne pourront y arriver que depuis une heure jusqu'à deux heures et demie.

IV. Il est défendu de traverser les cortèges.

V. Il est pareillement défendu de monter sur les parapets des quais et des ponts.

VI. L'inspecteur-général de police prendra toutes les mesures qui pourront être nécessaires pour le maintien de l'ordre et de la sûreté publique.

VII. La présente Ordonnance sera imprimée et affichée.

L'inspecteur-général, les commissaires de police, les officiers de paix et les préposés de la Préfecture de Police sont chargés de tenir la main à son exécution, chacun en ce qui le concerne.

Le Conseiller d'État, Préfet de Police,
Signé, BOURRIENNE.

Par le Conseiller d'État, Préfet de Police,

Le Secrétaire-général, Chevalier,
Signé, PIIS.

ORDONNANCE

Concernant l'ordre à suivre lors du défilé des voitures qui iront à Long-Champ.

Paris, le 21 mars 1815.

Voyez pour cette Ordonnance, *tome VIII, page 29.*

ORDONNANCE

Concernant le percement, le curage, la réparation et l'entretien des Puits.

Paris, le 4 avril 1815.

Voyez pour cette Ordonnance, *tome XI, page 165.*

ORDONNANCE

Concernant les Bains dans la rivière, et les écoles de Natation.

Paris, le 6 mai 1815.

Voyez pour cette Ordonnance, *tome VIII, page 256.*

FÉDÉRATION

Des Faubourgs S.-Antoine et S.-Marceau.

ORDONNANCE

Concernant des mesures d'ordre à observer à l'occasion de la présentation des Confédérés des Faubourgs S.-Antoine et S.-Marceau, à S. M. l'Empereur.

Paris, le 22 mai 1815.

NOUS, CONSEILLER D'ÉTAT, PRÉFET DE POLICE,

Étant informé que les habitans confédérés des faubourgs S.-Antoine et S.-Marceau, ont obtenu la faveur d'être présentés à S. M., dimanche prochain 14 du courant;

ORDONNONS ce qui suit :

ART. I.er Dimanche prochain 14 mai, présent mois, à compter de 7 heures du matin, jusqu'après le défilé des confédérés du faubourg S.-Marceau, aucune voiture ne pourra circuler ni stationner sur le boulevart d'Austerlitz, à partir de la barrière de Fontainebleau jusqu'à la place Valubert, sur cette place, sur le pont d'Austerlitz, sur la place Massas, et sur le boulevart Bourdon, à partir du quai Morlans jusqu'au boulevart de la porte S.-Antoine.

II. Le même jour, à compter de 8 heures du matin, jusqu'après le défilé des confédérés des faubourgs S.-Antoine et S.-Marceau, aucune voiture ne pourra également circuler ni stationner sur les boulevarts du nord, à partir de la porte S.-Antoine jusqu'à la rue Napoléon, dans cette rue, sur la place

Vendôme, rues Castiglione et de Rivoli, et place du Carrousel.

III. A compter de une heure de l'après-midi, la circulation et le stationnement des voitures seront interdits ;

Sur la rive droite de la Seine, à partir du pont des Tuileries jusqu'à la place de Grève, sur cette place, et dans les rues du Martrois, du Monceau S.-Gervais et S.-Antoine jusqu'à la place de la Bastille.

Et sur la rive gauche, depuis le pont des Tuileries jusqu'au pont S.-Michel, dans les rues de la Vieille-Bouclerie, S.-Séverin et Galande, sur la place Maubert, et dans les rues S.-Victor, du Jardin des Plantes et du Marché aux Chevaux jusqu'au boulevart.

La circulation des voitures sur les parties de la voie publique ci-dessus désignées ne pourra être rétablie qu'après le passage des confédérés.

IV. Sont exceptées des prohibitions prononcées par les articles précédents, les voitures des personnes qui se rendront au palais des

Tuileries, les courriers de la malle et les diligences.

V. L'inspecteur-général de police est autorisé à prendre toutes mesures nécessaires pour assurer l'exécution des dispositions ci-dessus ordonnées ; en se concertant, à cet effet, avec les commandans de la force armée qui sera sur les lieux.

VI. La présente Ordonnance sera imprimée et affichée.

L'inspecteur-général de la police, les commissaires de police, les officiers de paix et les préposés de la Préfecture, sont chargés, chacun en ce qui le concerne, de tenir la main à son exécution.

Le Conseiller d'État, Préfet de Police,
Signé, RÉAL.

Par le Conseiller d'État, Préfet de Police :
Le Secrétaire-général, signé, ROLAND.

ORDONNANCE

Concernant l'Arrosement.

Paris, le 19 mai 1815.

Voyez pour cette Ordonnance, *tome VIII, page 276.*

ORDONNANCE

Concernant des mesures de police relatives aux Cérémonies qui auront lieu à l'occasion de l'acceptation de la Constitution au Champ-de-Mai.

Paris, le 30 Mai 1814.

NOUS, CONSEILLER D'ÉTAT, PRÉFET DE POLICE,

Vû les lettres de S. Ex. le ministre de

l'intérieur et de S. Ex. le grand-maître des cérémonies ;

Ordonnons ce qui suit :

Art. I.er Les représentations gratuites qui auront lieu dans les spectacles, demain mercredi 31 mai, commenceront toutes à quatre heures du soir.

II. Jeudi prochain 1.er juin, la voie publique sera déblayée à sept heures du matin.

Les boues et immondices seront enlevées au plus tard à huit heures.

Et l'arrosement devra être terminé à dix.

III. Il est défendu de construire ou faire construire aucuns amphithéâtres, estrades ou autres établissemens de ce genre.

Il est également défendu de placer des chaises et des bancs sur la voie publique, *même sur les talus du Champ-de-Mars.*

Les commissaires de police et l'architecte-commissaire de la petite voirie feront enlever tous ces objets.

IV. Le même jour, à compter de neuf

heures du matin jusqu'après le retour du cortège de S. M., la circulation et le stationnement des voitures, autres que celles des personnes qui se rendront au palais des Tuileries ou au Champ-de-Mai, seront interdits, savoir;

Pour la rive gauche de la Seine,

Sur les quais, à partir du pont des Tuileries inclusivement jusqu'à la barrière de la Cunette, dans la rue du Bac, depuis le pont des Tuileries jusqu'à la rue de Sèvres et dans la rue de Sèvres, à partir de la rue du Bac jusqu'à la barrière,

Et dans toutes les parties de la voie publique comprises dans cette enceinte.

Et pour la rive droite,

Sur les quais, à partir de la rue des Poulies jusqu'à la barrière de la Conférence, sur la place de la Concorde, sur celle du Carrousel, dans toutes les avenues des Champs-Élysées, dans les rues de Marigny, des Champs-Élysées, de la Concorde, de Saint-Florentin et de Rivoli.

MM. les électeurs et députés devront être munis de leurs billets d'invitation.

V. Les voitures des personnes qui arriveront à Paris par la route de Sèvres seront dirigées sur Vaugirard.

Celles qui arriveront par les routes de Neuilly et de S.-Germain ne pourront entrer dans Paris que par la barrière du Roule.

VI. Les personnes qui se rendront en voiture au Champ-de-Mai, ne pourront y arriver que par les endroits ci-après désignés :

Celles qui habitent les quartiers situés sur la rive droite de la Seine, passeront sur le Pont-Neuf où leurs voitures seront réunies en une seule file : elles suivront les quais jusqu'à la rue d'Jéna, et cette rue jusqu'à l'angle de la rue de Grenelle.

Celles qui habitent les quartiers situés sur la rive gauche, passeront par la rue de Grenelle où leurs voitures seront réunies en une seule file à partir de la rue de Belle-Chasse, pour arriver à l'angle de la rue d'Jéna.

Toutes ces voitures se réuniront sur la chaussée qui borde les fossés de l'hôtel des Invalides, et formeront une seule file pour arriver au Champ-de-Mai par l'avenue de la Motte-Piquet.

Immédiatement après la descente des personnes, leurs voitures seront dirigées par la rue de la Bourdonnais, l'avenue de Lowendal et la place de Fontenoy, pour aller stationner sur les avenues de Saxe et de Breteuil.

VII. Les maîtres sont invités à donner l'ordre formel à leurs cochers de ne pas rompre la file et d'aller au pas.

VIII. Le stationnement des voitures désignées par l'article VI, est spécialement interdit sur la place de Fontenoy, dans les avenues de Lowendal et de Tourville et dans les avenues extérieures du Champ-de-Mars.

IX. Les voitures placées dans les avenues de Saxe et de Breteuil ne pourront être remises en mouvement qu'après le retour du cortège de S. M. au palais des Tuileries.

Elles ne pourront traverser la rivière sur lès ponts d'Jéna et de la Concorde.

Ces deux ponts sont exclusivement réservés pour le passage des personnes à pied.

X. Le passage d'eau en bachots ou batelets ne pourra avoir lieu qu'au port des Invalides.

Il ne pourra y avoir plus de douze personnes dans chaque bachot.

Les passeurs d'eau seront tenus de se pourvoir de bachots en nombre suffisant pour que le service se fasse avec sureté et célérité.

Il leur est enjoint de désigner aux officiers de police ou à la garde les individus qui, par imprudence, exposeraient la sûreté des passagers.

XI. Il est défendu de monter sur les parapets des quais et ponts, sur les balustrades de la place de la Concorde, sur les arbres des Champs-Élysées et du Champ-de-Mars, sur les piles ou théâtres de bois dans les chantiers, et sur les barrières au-devant des maisons.

XII. A compter de huit heures du soir

jusqu'au lendemain matin, aucune voiture ne pourra circuler sur les quais qui bordent les deux rives de la Seine, sur la place du Carrousel, sur celle de la Concorde et dans les rues de Rivoli et de l'Échelle.

Sont exceptées les voitures des personnes qui se rendront au palais des Tuileries, les courriers de la malle et les diligences.

XIII. L'inspecteur-général de la police prendra toutes les mesures non prévues qui seraient nécessaires pour le maintien de l'ordre et de la sûreté publique.

Il se concertera, pour l'exécution, avec les commandans de la force armée.

XIV. La présente Ordonnance sera imprimée et affichée.

L'inspecteur-général de la police, les commissaires de police, les maires des communes de Vaugirard, de Sèvres et de Neuilly, les officiers de paix, l'architecte-commissaire de la petite voirie, le contrôleur-général du recensement et du mesurage des bois et charbons, l'inspecteur-général de la navigation et des ports, l'inspecteur-général de la salubrité et tous les préposés de la Préfecture sont chargés, chacun en ce qui le concerne, de tenir la main à son exécution.

Le Conseiller d'État, Préfet de Police, Comte de l'Empire, signé, RÉAL.

Par le Conseiller-d'État, Préfet,

Le Secrétaire-général, signé, ROLAND.

ORDONNANCE

Concernant des mesures de police relatives aux Jeux et Divertissemens qui auront lieu aux Champs-Élysées, dimanche prochain.

Paris, le 3 juin 1815.

NOUS, CONSEILLER-D'ÉTAT, PRÉFET DE POLICE,

Vû la lettre de S. Ex. le ministre de l'intérieur, et celle de M. le conseiller-d'état, préfet du département de la Seine ;

ORDONNONS ce qui suit :

ART. I.er Dimanche prochain 4 juin, la voie publique sera déblayée à sept heures du matin.

Les boues et immondices seront enlevées au plus tard à huit heures.

Et l'arrôsement devra être terminé à dix.

II. Le même jour, à compter de midi, la circulation et le stationnement des voitures, autres que celles des personnes qui se rendront au palais des Tuileries, seront interdits sur les quais de la rive gauche de la Seine, depuis le pont des Arts jusqu'au quinconce des Invalides, et sur ceux de la rue des Poulies jusqu'à la barrière de la Conférence, sur le pont des Tuileries, sur la place du Carrousel, sur celle de la Concorde, dans toutes les avenues des Champs-Élysées, dans les rues de Marigny, des Champs-Élysées, de la Concorde, de Saint-Florentin et de Rivoli.

III. Les voitures des personnes qui arriveront à Paris par la route de Sèvres seront dirigées sur Vaugirard.

Celles qui arriveront par les routes de Neuilly et de S.-Germain ne pourront entrer dans Paris, par la barrière de l'Étoile.

IV. Des commissaires de police veilleront à ce que l'ordre soit maintenu pendant la distribution des comestibles qui se fera aux Champs-Élysées.

En cas de trouble, la distribution sera suspendue jusqu'à ce que l'ordre soit rétabli.

V. Le passage d'eau en bachots ou batelets ne pourra avoir lieu qu'au port des Invalides.

Il ne pourra y avoir plus de douze personnes dans chaque bachot.

Les passeurs d'eau seront tenus de se pourvoir de bachots en nombre suffisant pour que le service se fasse avec sûreté et célérité.

Il leur est enjoint de désigner aux officiers de police ou à la garde les individus qui par imprudence, exposeraient la sûreté des passagers.

VI. Les habitans de Paris sont invités à

illuminer la façade de leurs maisons dans la soirée du dimanche 4 juin.

VII. A compter de huit heures du soir jusqu'à minuit, aucune voiture ne pourra circuler ni stationner dans Paris.

Sont seules exceptées de cette disposition;

Les voitures des personnes qui se rendront au palais des Tuileries, les courriers de la Malle et les Diligences.

VIII. Il est défendu de vendre et d'acheter des fusées, pétards, boîtes, bombes et autres pièces d'artifice, et d'en tirer dans les rues, promenades, places publiques, cours et jardins, ou par les fenêtres des maisons.

Les pères et mères et les chefs de maison sont civilement responsables de leurs enfans, de leurs ouvriers ou domestiques.

Les marchands de pièces d'artifice sont personnellement responsables de l'exécution du présent article, en ce qui les concerne.

IX. Il ne sera laissé aucun bateau, train ou portion de train de bois sur la rivière près le pont de la Concorde.

Les bateaux, trains ou portions de trains

qui s'y trouveraient seront remontés jusqu'au milieu du bassin, aux frais et risques des propriétaires.

X. Il est défendu à toute personne de s'introduire sur le port Bonaparte et de s'y placer pendant le feu d'artifice.

XI. Il est défendu de monter sur les parapets des quais et des ponts, sur les balustrades de la place de la Concorde et sur les arbres des Champs-Élysées

XII. Il sera placé des pompes, des tonneaux et des seaux à incendie partout où il sera jugé nécessaire, pour porter des secours au besoin.

XIII. L'inspecteur-général de la police prendra toutes les mesures qui pourraient être necessaires pour le maintien de l'ordre et de la sûreté publique.

XIV. La présente Ordonnance, sera imprimée et affichée.

L'inspecteur-général de la police, les commissaires de police, les maires des communes de Vaugirard, de Sèvres et de Neuilly, les officiers de paix, le commandant du corps des sapeurs-pompiers, l'inspecteur-général de la navigation et des ports, l'inspecteur-général de la salubrité et tous les préposés de la Préfecture sont chargés, chacun en ce qui le concerne, de tenir la main à son exécution.

Le Conseiller d'État, Préfet de Police, Comte de l'Empire, signé, RÉAL.

Par le Conseiller-d'État, Préfet,

Le Secrétaire-général, signé, ROLAND.

ORDONNANCE

Concernant des mesures de police relatives à l'Ouverture de la Session des deux Chambres.

Paris, le 6 juin 1815.

NOUS, CONSEILLER-D'ÉTAT, PRÉFET DE POLICE,

Vû le cérémonial pour l'ouverture de la session des Chambres;

Et la lettre de S. Ex. le grand-maître des Cérémonies;

ORDONNONS ce qui suit :

ART. I.er Demain mercredi 7 juin, jour de l'ouverture de la Session des deux Chambres, la circulation et le stationnement des voitures seront interdits à compter de *deux* heures de l'après midi jusqu'après le retour des cortèges,

Sur la place et le pont de la Concorde,

Sur le quai Bonaparte jusqu'au quinconce des Invalides, sur le boulevart des Invalides jusqu'à la rue de Vaugirard, dans la rue de Vaugirard, jusqu'à la rue de Tournon, dans les rues du Brave et de Seine, sur les quais Malaquais, de Voltaire et du Louvre, sur le pont et le quai des Tuileries jusqu'à la place de la Concorde, et dans toutes les parties de la voie publique qui se trouvent comprises dans cette enceinte.

II. Les voitures des autorités ou des personnes qui se rendront des quartiers de la rive gauche de la Seine au palais de la Chambre des Représentans, arriveront aux cours de ce palais par les rues du Bac et de l'Université.

Les voitures des autorités ou des personnes qui s'y rendront des quartiers de la rive droite, arriveront soit par le Pont-Neuf ou par le pont des Tuileries.

Celles qui arriveront par le Pont-Neuf, suivront les quais jusqu'à la rue du Bac.

Celles qui arriveront par le pont des Tuileries, se réuniront en une seule file à celles venant par le Pont-Neuf, et arriveront au palais de la Chambre des Représentans par les rues du Bac et de l'Université.

III. Il est défendu de traverser les cortèges.

IV. Il est défendu de monter sur les parapets des quais et des ponts.

V. L'inspecteur-général de la police prendra toutes les mesures non prévues qui seraient nécessaires pour le maintien de l'ordre et de la sûreté publique.

Il se concertera pour l'exécution, avec les commandans de la force armée qui sera sur les lieux.

VI. La présente Ordonnance sera imprimée et affichée.

L'inspecteur-général de la police, les commissaires de police, les officiers de paix, et les préposés de la Préfecture sont chargés de tenir la main à son exécution.

Le Conseiller d'État, Préfet de Police, Comte de l'Empire, signé, RÉAL.

Par le Conseiller d'État, Préfet,

Le Secrétaire-général, signé, ROLAND.

ORDONNANCE

Concernant des mesures d'ordres à observer à l'occasion de la rentrée du ROI dans sa Capitale.

Paris, le 8 juillet 1815.

NOUS, PRÉFET DE POLICE,

ORDONNONS ce qui suit:

ART. I.er Aujourd'hui samedi 8 juillet 1815,

à compter de deux heures, la circulation et le stationnement des voitures sont interdits sur la route que suivra le cortège de S. M.

La circulation des Voitnres ne pourra être rétablie qu'après l'arrivée de S. M. au château des Tuileries.

II. L'inspecteur-général de la police, les officiers de paix et tous les préposés de la Préfecture sont chargés de tenir la main à l'exécution de la présente Ordonnance.

Pour le Préfet de Police,
Signé, RIVIÈRE.

Par le Préfet :

Le Secrétaire-général, *signé*, PIIS.

ORDONNANCE

Concernant l'ouverture de la Chasse.

Paris, le 22 août 1815.

NOUS, Préfet de Police,

Vû la loi des 28 et 30 juillet 1790, le

décret du 11 juillet 1810, et les arrêtés, réglemens et ordonnances rendus sur le fait de la chasse, et sur le droit de port d'armes;

ORDONNONS ce qui suit:

ART. I.er La chasse sera ouverte le 1.er septembre prochain dans toute l'étendue du département de la Seine et dans les communes de Saint-Cloud, Sèvres et Meudon, dépendantes du département de Seine et Oise, et faisant partie du ressort de la Préfecture de Police.

Il est défendu de chasser avant cette époque, même sous prétexte de tirer des hirondelles le long des rivières.

Il est également défendu de chasser dans les vignes avant que les vendanges soient entièrement terminées, et dans les champs ensemencés et plantés de légumes avant la fin de la récolte.

II. Les réglemens et ordonnances de police sur la chasse continueront d'être exécutés selon leur forme et teneur.

III. Les poursuites contre les contrevenans seront portées devant les tribunaux.

IV. Les sous-préfets des arrondissemens de S.-Denis et de Sceaux, les maires et adjoints des communes rurales, les commissaires de police, l'inspecteur-général de la police, les officiers de paix, les gardes-champêtres, et les préposés de la Préfecture de Police, sont chargés de tenir la main à son exécution.

Le Préfet de Police,
Signé, DECAZES.

Par le Préfet :

Le Secrétaire-général, signé, DE DIENNE.

ORDONNANCE

Concernant des mesures d'ordre à observer à l'occasion de la revue des troupes de S. M. l'Empereur des Russies.

Paris, le 29 août 1815.

NOUS, CONSEILLER-D'ÉTAT, PRÉFET DE POLICE,

Vû la lettre par laquelle M. le baron Müffling, gouverneur de Paris, nous fait connaître que jeudi prochain 31 août, il y aura une grande revue de troupes de S. M. l'Empereur des Russies;

ORDONNONS ce qui suit:

ART. I.er Jeudi prochain 31 août, il sera fait un arrosage sur la place Louis XV, et dans la grande avenue des Champs-Élysées jusqu'à la barrière de l'Étoile.

II. Le même jour, à compter de sept heures du matin, jusqu'après le défilé des troupes, la circulation et le stationnement des voitures seront interdits:

Sur les quais qui bordent la rive gauche de la Seine depuis le Pont-Neuf jusqu'à l'esplanade des Invalides;

Sur les quais qui bordent la rive droite, depuis le quai Morland jusqu'au pont des Invalides;

Sur la place Louis XV,

Dans la rue Royale;

Dans toutes les avenues des Champs-Élysées;

Et dans les rues des Champs-Élysées, Saint-Florentin et de Rivoli ;

III. Sont seules exceptées des dispositions de l'article précédent, les courriers de la malles et les diligences.

IV. Les voitures qui arriveront de Saint-Germain à Paris, par le pont de Neuilly, seront dirigées sur la commune de Villiers.

V. Il est défendu aux personnes à pied de circuler ni stationner sur la place Louis XV.

VI. Aucune personne montée à cheval et habillée en bourgeois, ne pourra suivre le cortège.

VII. Il est défendu de monter sur les balustrades de la place Louis XV et sur les arbres des Champs-Élysées et sur la route de Neuilly.

VIII. La présente Ordonnance sera communiquée à M. le baron Müffling, gouverneur de Paris.

Elle sera pareillement communiquée à M. le commandant-général de la garde-nationale, afin qu'il veuille bien disposer les troupes nécessaires pour en assûrer l'exécution.

IX. L'inspecteur-général de la police prendra toutes les mesures nécessaires pour le maintien de l'ordre et de la sûreté publique. Il se concertera avec les commandans de la force armée.

X. La présente Ordonnance sera imprimée et affichée.

L'inspecteur-général de la police, le maire de la commune de Neuilly, les commissaires de police, les officiers de paix, l'inspecteur-général de la salubrité et les préposés de la Préfecture sont chargés, chacun en ce qui le concerne, de tenir la main à son exécution.

Le Conseiller-d'État, Préfet de Police,
Signé, DECAZES.

Par le Conseiller-d'État,

Le Secrétaire-général, signé, DE DIENNE.

ORDONNANCE

Concernant les mesures de Police qui doivent être observées les 10, 17 et 24 septembre à l'occasion de la Fête de Saint-Cloud.

Paris, le 8 septembre 1815.

Voyez pour cette Ordonnance, *tome VIII, page 309.*

ORDONNANCE

Concernant le commerce des porcs et de la charcuterie.

Approuvée par S. Ex. le Ministre de l'Intérieur le 28 octobre 1815.

Paris, le 25 septembre 1815.

NOUS, CONSEILLER-D'ÉTAT, PRÉFET DE POLICE,

Considérant que depuis long-temps les

charcutiers de Paris ne peuvent se procurer les marchandises dont ils ont besoin pour leur approvisionnement habituel, que par l'intermédiaire d'un petit nombre de charcutiers, soit forains, soit de Paris, exerçant en gros le commerce de viande de porcs ;

Qu'il résulte de cet état de choses que le prix de cette espèce de viande a du augmenter pour le consommateur, dans la proportion du bénéfice que produit aux charcutiers en gros ce commerce intermédiaire ;

Considérant en outre qu'au mépris des réglemens sur la matière, les charcutiers en gros établis à Paris, font le commerce de porcs abattus, même de porcs *sur pieds*, dans leurs abattoirs ; qu'ils diminuent d'autant par cette contravention journalière, l'approvisionnement de la halle de Paris et donnent lieu par-là au renchérissement de la marchandise ;

Vû les lettres patentes des 26 novembre 1754 et 26 août 1783, l'arrêt du parlement du 22 août 1769, le sentence du Châtelet du 7 mars 1778, ensemble les arrêtés du gouvernement du 12 messidor an VIII et 3 brumaire an IX;

Ordonnons ce qui suit:

Art. I.er Il est défendu d'acheter et vendre des porcs vivans, dans le ressort de la Préfecture de police, ailleurs qu'au marché de la Maison-Blanche, commune de Gentilly, et dans les foires de Champigny, Brie-sur-Marne, et S.-Ouen, à peine de 300 fr. d'amende. (*Ordonnance de Police du 22 novembre* 1727.)

II. Les porcs achetés pour l'approvisionnement de Paris sur le marché et dans les foires mentionnées en l'article précédent, ne pourront être introduits que de jour et par les barrières ci-après désignées, savoir:

1.° Les porcs achetés sur le marché de la Maison-Blanche, par la barrière de Fontainebleau;

2.° Les porcs achetés dans les foires de Champigny et Brie-sur Marne, par la barrière de Vincennes;

3.° Et les porcs achetés à la foire de S.-Ouen, par la barrière de Clichy.

III. Les porcs achetés dans les foires et marchés situés hors du département de la Seine, et destinés pour l'approvisionnement de Paris, ne pourront y entrer que par les barrières du Roule, S.-Denis et Fontainebleau.

IV. Les conducteurs des porcs achetés sur le marché de la Maison-Blanche, devront être munis d'un certificat du préposé à la surveillance du marché.

Les conducteurs des porcs achetés aux foires établies dans le département de la Seine, et dans les foires et marchés situés hors de ce département, seront tenus de justifier d'un certificat délivré par le maire du lieu, constatant l'achat et la quantité de porcs achetés et confiés au même conducteur.

Ces certificats seront visés aux barrières par les employés de la direction de l'octroi et représentés aux agens et préposés de la Préfecture de Police, à toute réquisition.

V. Il est défendu de faire le commerce de porcs vivans, dans Paris, à peine de confiscation et de 200 fr. d'amende. (*Lettres patentes du 26 août 1783, art. 13.*)

VI. A compter du 15 décembre prochain, il est défendu aux charcutiers exerçant le commerce en détail à Paris, d'abattre et brûler des porcs dans Paris partout ailleurs que dans les abattoirs ci-après désignés; savoir : dans les abattoirs tenus par les sieurs *Aubert*, rue des Vieilles-Tuileries; *Alexandre*, rue de Carême-Prenant, et de la D.^e Ve *Plainchamp*, femme *Garnier*, rue S.-Jean-Baptiste, à la Pologne. (*Lettres patentes du 26 novembre 1754, du 26 août 1783, art. 11, sentence de police du 27 mars 1778.*)

VII. Les sieurs *Aubert*, *Alexandre* et Ve *Plainchamp*, ne pourront percevoir plus *d'un franc cinquante centimes* pour abat, préparation et transport d'un porc.

VIII. A compter de l'époque fixée par l'article VI, les charcutiers forains approvisionnant la halle de Paris et les charcutiers de Paris *exerçant le commerce en gros*, ne pourront faire abattre et brûler leurs porcs que dans l'abattoir établi rue du faubourg du Roule, n.° 80.

IX. Le propriétaire dudit abattoir ne pourra percevoir plus d'*un franc* par porc abattu et préparé dans son abattoir.

X. Il est défendu aux maîtres d'abattoirs de faire le commerce des porcs et de la charcuterie.

XI. En conséquence, et à partir de la même époque, il ne pourra être introduit dans Paris aucune viande de porc abattu.

XII. Les charcutiers détaillans à Paris, ne pourront, sous aucun prétexte, faire abattre leurs porcs dans l'abattoir affecté aux charcutiers exerçant le commerce en gros.

XIII. Les porcs abattus et préparés dans l'abattoir affecté au commerce en gros, ne pourront en être retirés que pour être transportés directement à la halle, les jours de marché.

Ils seront préalablement coupés en quartiers à deux côtes au-dessus du rognon. (*Arrêt du Parlement du 22 août 1769, Lettres Patentes du 26 août 1783.*)

XIV. La vente du porc-frais amené à la halle, devra être faite dans le jour.

Il est défendu, sous aucun prétexte, d'en remporter ou resserrer, à peine de confiscation en de 200 fr. d'amende. (*Mêmes Lettres-Patentes, art. 6 et 8.*)

XV. Les Réglemens et Ordonnances *concernant le commerce de la Charcuterie*, continueront d'être observés en tout ce qui n'est point contraire à la présente Ordonnance.

XVI. Les contraventions seront constatées par des procès-verbaux, qui nous seront adressés.

XVII. Il sera pris envers les contrevenans telles mesures de *police administrative* qu'il appartiendra, sans préjudice des poursuites à exercer devant les tribunaux

XVIII. La présente Ordonnance sera imprimée et affichée.

Ampliation en sera transmise à la direction de l'octroi.

Les sous-préfets des arrondissemens de Saint-Denis et de Sceaux, les maires des communes rurales du ressort de la Préfecture de Police, les commissaires de police à Paris, et notamment celui des marchés, le commissaire-inspecteur-général des halles et marchés, et les préposés de la Préfecture de police sont chargés de tenir la main à son exécution.

Le Conseiller d'État, Préfet de Police,
Signé, DECAZES.

Par le Conseiller d'État, Préfet,
Le Secrétaire-général, signé, DE DIENNE.

INSTRUCTION

Concernant la surveillance de la rivière, des ports, des chantiers de bois de chauffage et des places de vente du charbon de bois.

Paris, le 28 septembre 1815.

Voyez pour cette Instruction, *tome VIII*, page 324.

ORDONNANCE

Concernant les mesures d'ordre à observer à l'occasion de la Messe du S.-Esprit.

Paris, le 5 octobre 1815.

NOUS, MINISTRE D'ÉTAT, PRÉFET DE POLICE,

Vû la lettre de M. le marquis de Dreux-Brézé, grand-maître des cérémonies de France, par laquelle S. Ex. nous fait connaître que le Roi se rendra vendredi prochain 6 octobre à l'Église Métropolitaine de Notre-Dame, pour assister à la messe du S.-Esprit;

ORDONNONS ce qui suit :

ART. I.er Vendredi prochain, 6 octobre, à compter de *dix* heures du matin jusqu'au retour de S. M. au château des Tuileries, aucunes voitures, autres que celles des personnes qui se rendront à Notre-Dame, ne pourront circuler ni stationner :

Sur la place et dans la rue du Carrousel;

Sur la place du Louvre ;

Dans les rues des Poulies et du Petit-Bourbon ;

Sur le quai du Louvre, depuis le Pont-Royal jusqu'à la rue du Petit-Bourbon ;

Sur le quai de l'École ;

Sur le Pont-Neuf ;

Sur le quai des Orfèvres ;

Dans le Marché-Neuf ;

Dans la rue du Marché-Palu ;

Dans la rue Neuve Notre-Dame ;

Sur le Parvis ;

Dans la rue Fénélon ;

Et sur les quais qui bordent la Cité.

II. Les voitures des autorités ou des personnes qui se rendront à la messe du Saint-Esprit, seront mises en stationnement sur le quai situé au nord de la Cité, depuis le pont de la Cité, jusqu'au pont au Change.

Le quai de l'Archevêché sera exclusivement réservé pour les voitures de S. M.

III. Les voitures stationnées sur le quai situé au nord de la Cité, ne pourront être mises en mouvement qu'après le départ de Sa Majesté.

IV. Il est défendu de monter sur les parapets des ponts et des Quais.

V. L'inspecteur-général de la police prendra toutes les mesures nécessaires pour assurer le maintien de l'ordre. Il se concertera avec les commandans de la force armée qui sera sur les lieux.

VI. La présente Ordonnance sera communiquée à M. le commandant-général de la garde-nationale, pour qu'il veuille bien faire les dispositions convenables pour en assurer l'exécution.

VII. Elle sera imprimée et affichée.

L'inspecteur-général de la police, les commissaires de police, les officiers de paix, et les agens de la Préfecture sont chargés de concourir à son exécution chacun en ce qui le concerne.

Le Ministre d'État, Préfet de Police,
Signé, Comte ANGLÈS,

Par le Ministre d'État, Préfet de Police,

Le Secrétaire-général, signé, FORTIS.

ORDONNANCE

Concernant les étrangers à la ville de Paris.

Paris, le 8 novembre 1815.

NOUS, MINISTRE-D'ÉTAT, PRÉFET DE POLICE,

Considérant que les Lois et Règlemens concernant la police des maisons garnies ne sont pas exécutés avec une exactitude assez rigoureuse, et qu'il importe d'en rappeler l'observation pleine et entière aux maîtres-d'hôtels garnis et aux logeurs;

Considérant qu'indépendamment des maîtres-d'hôtels garnis et des logeurs de profession, un assez grand nombre de personnes font meubler des locaux particuliers pour y loger habituellement ou momentanément, *à titre onéreux*, des étrangers à la ville de Paris;

Considérant qu'en louant ainsi à des étrangers une portion quelconque de leurs logemens, ces personnes se rangent dans la classe des maîtres-d'hôtels garnis et logeurs de profession, et se trouvent, comme eux, soumis aux lois et réglemens qui leur sont applicables;

Considérant que des étrangers sont aussi reçus, *à titre gratuit*, dans des maisons particulières, et que les personnes qui les reçoivent à ce titre, *même à titre de parens ou d'amis*, négligent d'en faire la déclaration prescrite par les lois;

Considérant que l'observation de ces lois, dont la plupart remontent à des époques déjà très-reculées, est un devoir indépendant des circonstances; mais qu'elle et plus impérieusement commandée dans les conjonctures actuelles, et que dès-lors tous les amis de l'ordre doivent s'empresser de seconder l'autorité chargée de veiller au maintien de la tranquilité publique;

Vû les articles 2 et 7 de l'arrêté du gouvernement, en date du 12 messidor an VIII;

ORDONNONS ce qui suit :

§ I.er

Des maîtres d'hôtel garnis et des logeurs de profession.

ART. I.er Les personnes qui veulent exercer l'état d'aubergiste, de maîtres d'hôtel garni ou de logeur, sont tenues d'en faire *préalablement* la déclaration à la Préfecture de Police, et d'avoir un registre en papier timbré pour l'inscription des voyageurs français ou étrangers.

Ce registre doit être coté et paraphé par le commissaire de police du quartier.

(*Ordonnance du 8 novembre* 1780, *art.* 5, *et Loi du* 22 *juillet* 1791, *art.* 5.)

Ils doivent, en outre, placer au-dessus de la porte de leur maison, en lieu apparent, et en gros caractères, un tableau indicatif de l'état qu'ils exercent.

II. Il est enjoint aux aubergistes, maîtres d'hôtels garnis et logeurs d'inscrire, *jour par jour, de suite, sans aucun blanc ni interligne,* les noms, prénoms, âges, qualités, domicile habituel et profession de tous ceux qui couchent chez eux, *même une seule nuit.*

Le registre doit indiquer la date de leur entrée et de leur sortie. (*Ordonnance du 8 novembre 1780, art. 5, et Loi du 22 juillet 1791, art. 5.*)

III. Les aubergistes, maîtres d'hôtels garnis et logeurs représenteront leur registre, à toute réquisition, soit aux commissaires de police, qui le viseront, soit aux officiers de paix ou aux préposés de la Préfecture de Police qui pourront aussi le viser. (*Ordonnance du 8 novembre 1780, et Loi du 22 juillet 1791, mêmes articles.*)

IV. Faute par eux de se conformer aux dispositions ci-dessus prescrites, ils encourront les peines prononcées par les lois. (*Amende depuis six francs jusqu'à dix inclusivement ; art. 475 du Code Pénal, 2.e paragraphe ; et emprisonnement pendant cinq jours, en cas de récidive, art. 478 du même Code.*)

Ils seront, en outre, civilement responsables des restitutions, des indemnités et des frais adjugés à ceux à qui un crime ou un délit commis par des personnes logées sans inscription, auroit causé quelque dommage, sans préjudice de leur responsabilité dans le cas des articles 1952 et 1953 du Code Civil. (*Art. 73 du Code Pénal.*)

V. Les aubergistes, maîtres d'hôtels garnis et logeurs porteront *chaque jour*, au commissaire de police du quartier, le relevé, par eux certifié, de leurs registres.

VI. Il porteront également, *tous les jours avant midi*, au commissaire de police, les passeports des voyageurs français qui seront arrivés dans leurs auberges, hôtels ou maisons garnis.

En échange de chaque passeport, le commissaire de police leur remettra un bulletin avec lequel les voyageurs se présenteront, dans les trois jours de leur arrivée, à la Préfecture de Police, pour y retirer leurs passeports et obtenir un *visa* ou un permis de séjour.

VII. Les passeports seront laissés à la disposition des voyageurs étrangers à la France, afin que, dans les trois jours de leur arrivée, ils puissent se faire reconnaître par l'ambassadeur, ministre, envoyé ou chargé d'affaires de leur gouvernement, et obtenir à la Préfecture de Police un *visa* ou permis de séjour.

Le *visa* ou permis de séjour ne sera accordé aux sujets des puissances représentées auprès de Sa Majesté, que d'après la reconnaissance de leurs ambassadeurs, ministres, envoyés ou chargés d'affaires respectifs ;

Et aux sujets des puissances non représentées, que sur une attestation de banquiers ou de deux citoyens notoirement connus.

VIII. Les personnes qui, antérieurement à leur arrivée dans une maison garnie, auront obtenu des permis de séjour, seront tenues de les remettre, dans les vingt-quatre heures, au maître de la maison garnie dans laquelle ils viendront loger.

Ce dernier sera tenu de les représenter, dans le même délai, au commissaire de police de son quartier.

§ II.

Des personnes qui reçoivent des étrangers à titre onéreux, dans des logemens meublés.

IX. Les personnes qui se proposent de louer des appartemens, portions d'appartemens ou chambres meublés, à des étrangers à la ville de Paris, même à des individus qui y font leur résidence habituelle, seront tenues d'en faire *préalablement* la déclaration à la Préfecture de Police.

Acte leur sera donné de cette déclaration.

Il leur est enjoint de faire exactement connaître au commissaire de police de leur quartier, les noms, prénoms, âge, qualités ou profession, et le lieu de résidence habituelle des étrangers ou autres logés chez elles, *dans les vingt-quatre heures de leur arrivée.*

Elles seront également tenues de faire la déclaration de leur sortie dans le même délai. (*Ordonnance du 8 octobre 1780, art. 5, et Loi du 22 juillet 1791 même article.*)

Le tout sous les peines prononcées par le

Code Pénal. (*Amende depuis six francs jusqu'à dix francs inclusivement, art. 475 du Code, 2.e paragraphe, et emprisonnement de cinq jours en cas de récidive, art. 478 du même Code*), sans préjudice de la responsabilité civile, aux cas prévus par l'article 73, dont les dispositions sont rappelées au 2.e paragraphe de l'article 4 de la présente Ordonnance.

§ III.

Des personnes qui logent gratuitement des étrangers à la ville de Paris, à titre de parens ou d'amis.

X. Tous les habitans de Paris qui reçoivent des personnes étrangères à cette ville, pour loger dans leurs maisons ou portions de maisons, sont tenus d'en faire la déclaration au commissaire de police du quartier.

Cette déclaration sera faite dans les trois jours de la publication de la présente Ordonnance, pour les étrangers qui se trouvent en ce moment à Paris ; et pour ceux qui y viendront par la suite, dans les vingt-quatre heures de leur arrivée.

Il leur en sera donné acte.

XI. Les concierges ou portiers des maisons non habitées, et dans lesquelles logeraient, dès-à-présent, ou viendraient loger à l'avenir des étrangers à la ville de Paris, sont pareillement tenus d'en faire la déclaration dans les mêmes délais, au commissaire de police du quartier.

Acte leur en sera pareillement donné.

XII. Les propriétaires, locataires, concierges ou portiers porteront aux commissaires de police les passeports des étrangers logés dans les maisons désignées aux articles précédens.

En échange de chaque passeport, le commissaire de police leur remettra un bulletin avec lequel les étrangers à la ville de Paris se présenteront, dans les trois jours de leur arrivée, à la Préfecture de Police, pour y retirer leurs passeports et obtenir un *visa* de départ ou un permis de séjour.

Ils se conformeront d'ailleurs aux dispositions de l'article VIII de la présente Ordonnance dans le cas prévu par cet article.

XIII Faute par eux de faire les déclarations prescrites par les art. X et XI de la présente Ordonnance, les propriétaires, locataires, concierges ou portiers encourront les peines de *police correctionnelle* prononcées par la Loi. (*Trois mois d'empisonnement, et en cas de récidive, détention de six mois. Loi du 27 ventose an IV, art. 3.*)

§ IV.

Dispositions générales.

XIV. Il sera pris envers les contrevenans aux dispositions ci-dessus, telles mesures de *police administrative* qu'il appartiendra, sans préjudice des poursuites à exercer contr'eux pardevant les tribunaux, conformément aux lois et réglemens.

XV. La présente Ordonnance sera imprimée, *publiée* et affichée.

Les commissaires de police, les officiers de

paix, et tous les préposés de la Préfecture sont chargés, chacun en ce qui le concerne, de tenir la main à son exécution.

Le Ministre d'État, Préfet de Police,
Signé, Comte ANGLÈS.
Par le Ministre d'État, Préfet:
Le Secrétaire-général, signé, FORTIS.

ORDONNANCE

Concernant la police de la rivière et des ports, pendant l'hiver, et dans les temps des glaces, grosses eaux et débacles.

Paris, le 10 novembre 1815.

Voyez pour cette Ordonnance, *tome VIII, page 343.*

ORDONNANCE

Portant interdiction momentanée de la circulation des voitures sur le pont de S.-Cloud.

Paris, le 11 novembre 1815.

NOUS, MINISTRE D'ÉTAT, PRÉFET DE POLICE,

Vû la lettre de l'ingénieur en chef des ponts et chaussées du département de la Seine, annonçant que le pont *provisionnel* en charpente établi sur la septième arche du pont de S.-Cloud, exige des travaux de consolidation qui dureront à-peu-près dix jours ;

ORDONNONS ce qui suit :

ART. I.er A compter de *mercredi prochain, 15 du courant*, le passage des voitures sur le pont de S.-Cloud sera interdit.

La circulation ne sera rétablie que le 25 de ce mois.

II. La présente Ordonnance sera imprimée et affichée.

Les maires des communes de S.-Cloud et de Boulogne, l'inspecteur-général de police, les officiers de paix, l'inspecteur-général de la navigation et des ports et les préposés de la Préfecture de Police, sont chargés, de tenir la main à son exécution.

Le Ministre d'État, Préfet de Police,
Signé, Comte ANGLÈS.

Par le Ministre d'État, Préfet de Police :

Le Secrétaire-général, signé, FORTIS.

ORDONNANCE
DU ROI.

LOUIS, par la grâce de Dieu, Roi de France et de Navarre,

A tous ceux qui ces présentes verront, salut :

Sur le rapport de notre ministre secrétaire d'état de l'intérieur ;

Notre conseil d'état entendu,

Nous avons ordonné et ordonnons ce qui suit :

ART. I.er A compter du jour de la publication de la présente Ordonnance, il sera payé au profit de notre bonne ville de Paris, département de la Seine, par chaque détaillante de farines à la halle aux grains, une taxe d'abri dont la quotité est fixée à *cinquante centimes* par jour ou *trois francs* par semaine.

II. Ce droit sera dû, lors même que lesdites détaillantes ne viendraient pas à ladite halle, si elles y ont des marchandises en dépôt.

III. Cette perception se fera par chaque jour, et le produit en sera compté, semaine par semaine, au receveur municipal de notre bonne ville de Paris.

IV. Notre ministre secrétaire-d'état de l'intérieur est chargé, de l'exécution de la présente Ordonnance.

Donné en notre château des Tuileries,

le 24 octobre de l'an de grâce 1815, et de notre règne le vingt-unième.

Signé, LOUIS.

Par le Roi :

Le Ministre Secrétaire-d'État de l'Intérieur,
Signé, VAUBLANC.

Pour Ampliation :

Le Secrétaire-général du Ministère de l'Intérieur, Membre de la Chambre des Députés, Chevalier de S.-Louis et de la Légion d'Honneur,
Signé, PAULINIER DE FONTENILLE.

Pour copie conforme à l'ampliation :

Le Secrétaire-général de la Police,
Signé, FORTIS.

ARRÊTÉ.

Paris, le 17 novembre 1815.

NOUS, Ministre-d'État, Préfet de Police,

Vû l'Ordonnance du Roi, du 24 octobre 1815, relative *au droit d'abri des places occupées par les détaillantes de farines à la halle de Paris;*

ARRÊTONS ce qui suit :

ART. I.er L'Ordonnance du Roi, du 24 octobre 1815, sera imprimée et affichée dans l'intérieur de la halle, avec le présent Arrêté.

II. La perception du droit établi par ladite Ordonnance, sera faite par le premier commis au bureau du contrôle de la halle aux grains et farines.

III. Le contrôleur de la halle est chargé de surveiller l'exécution de l'Ordonnance ainsi que du présent Arrêté, et de nous en rendre compte.

Le Ministre-d'État, Préfet de Police,
Signé, Comte ANGLÈS.

Par le Ministre-d'État, Préfet de Police :

Le Secrétaire-général, signé, FORTIS.

GLACES ET NEIGES.

Paris, le 29 novembre 1815.

Voyez pour cette Ordonnance, *tome IX*, *page 5*.

ORDONNANCE

Concernant les porteurs d'eau à tonneaux.

Paris, le 13 décembre 1815.

NOUS, MINISTRE-D'ÉTAT, PRÉFET DE POLICE,

Vû l'Ordonnance du Roi du 16 août 1815, relative à la vente de l'eau aux fontaines de la ville de Paris dépendantes des pompes à feu ;

ORDONNONS ce qui suit :

ART. I.er Les permissions délivrées, jusqu'à ce jour, aux porteurs d'eau à tonneaux, pour exercer leur état, dans la ville de Paris, *sont annullées.*

II. Dans quinze jours, à compter du jour de la publication de la présente Ordonnance, *tous les porteurs d'eau à tonneaux* qui voudront continuer d'exercer leur état, dans la ville de Paris, en feront la déclaration à la Préfecture de Police.

Ceux qui, à l'avenir, voudront exercer cet état, seront tenus, préalablement, de faire la même déclaration.

Il sera délivré, aux déclarans, un certificat qui devra être visé par le commissaire de police de leur domicile.

III. Les tonneaux des porteurs d'eau seront numérotés aux frais des propriétaires.

La capacité du tonneau sera indiquée sur le fond de devant.

Le n.° et le nom du porteur d'eau seront peints sur le fond de derrière.

IV. Il est défendu, aux porteurs d'eau, de s'immiscer, en rien, dans le jaugeage et le numérotage de leurs tonneaux.

V. Les porteurs d'eau à tonneaux qui changeront de domicile, en feront la déclaration, dans le délai de trois jours, à la Préfecture de Police.

VI. Lorsqu'un porteur d'eau à tonneaux cessera l'exercice de son état, il en fera aussi la déclaration à la Préfecture de Police.

Les numéros peints sur les tonneaux seront effacés, et certificat en sera délivré au déclarant.

VII. En cas de vente d'un tonneau numéroté, la déclaration en sera faite à la Préfecture de Police, tant par le vendeur que par l'acheteur.

VIII. Les porteurs d'eau à tonneaux rempliront leurs tonneaux, chaque soir, avant de les rentrer et les tiendront en cet état, toute la nuit.

Ils ne pourront puiser, *hors les cas d'incendie*, qu'aux fontaines dépendantes de l'établissement des pompes à feu.

Il leur est défendu de puiser aux fontaines publiques, à peine de 50 francs d'amende.

(*Ordonnance de Police du 14 juin 1731.*)

IX. Les particuliers puiseront aux fontaines publiques, avant les porteurs d'eau à bretelles.

X. Les porteurs d'eau à bretelles ne pourront puiser à la rivière qu'aux pompes et puisoirs autorisés à cet effet.

XI. Au premier avis d'un incendie, les porteurs d'eau à tonneaux y conduiront leurs tonneaux pleins, à peine d'être privés de leurs permissions et poursuivis conformément à l'art. 475 du Code Pénal.

Indépendamment du prix de l'eau, il sera accordé une récompense aux deux porteurs d'eau dont les tonneaux arriveront les premiers.

XII. L'Ordonnance du 14 février 1811, *concernant les porteurs d'eau à tonneaux qui s'approvisionnent à la pompe de la rue du Mont-Blanc*, est maintenue en tout ce qui n'y est point dérogé par la présente.

XIII. Il est défendu aux porteurs d'eau à tonneaux et aux gravatiers de traverser les halles du centre, avant dix heures du matin, en tous temps.

XIV. Les porteurs d'eau à tonneaux ne pourront se servir que de conducteurs porteurs d'une carte de sûreté ou permis de séjour, et d'un livret qui leur sera délivré à la Préfecture de Police, conformément au décret du 3 octobre 1810.

XV. Les porteurs d'eau à tonneaux sont civilement responsables des personnes qu'ils emploient à la conduite de leurs voitures ou à la distribution de l'eau.

XVI. Les contraventions seront constatées par des procès-verbaux, qui nous seront adressés.

XVII. La présente Ordonnance sera imprimée, *publiée* et affichée.

Les commissaires de police, l'inspecteur-général de la Préfecture de Police, les officiers de paix, l'ingénieur-hydraulicien en chef du département de la Seine, l'inspecteur-général de la navigation et des ports et les autres préposés de la Préfecture de Police sont chargés de tenir la main à son exécution.

Le Ministre-d'État, Préfet de Police,
Signé, Comte ANGLÈS.
Par le Ministre-d'État, Préfet,
Le Secrétaire-général, signé, FORTIS.

ORDONNANCE

Concernant la vérification annuelle des Poids et Mesures.

Paris, le 28 décembre 1815.

Voyez pour cette Ordonnance, *tome VIII, page 391.*

Nota. Les Poids et Mesures porteront pour l'année 1816, la lettre *O.*

FIN.

TABLE

PAR ORDRE ALPHABÉTIQUE

DES MATIÈRES

CONTENUES DANS CE VOLUME.

A

B

C

D

E

F

G

I

J

L

M

O

P

R

S

T

V

FIN DE LA TABLE.

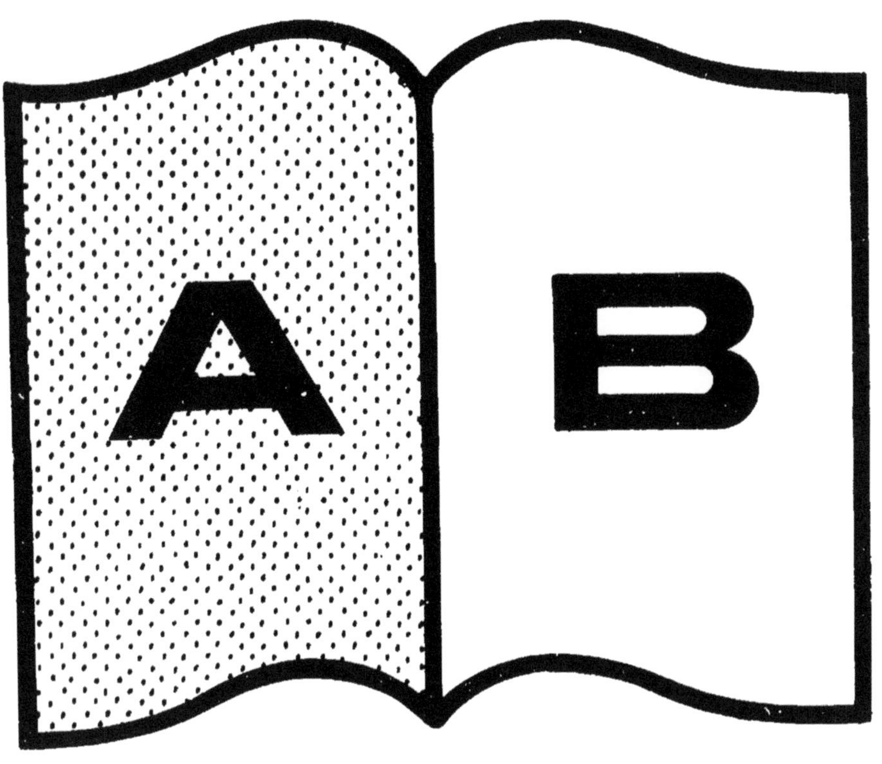

Contraste insuffisant

NF Z 43-120-14

www.ingramcontent.com/pod-product-compliance
Ingram Content Group UK Ltd.
Pitfield, Milton Keynes, MK11 3LW, UK
UKHW021101230726
13926UKWH00004B/1960

9 782016 148815